LOCUS

LOCUS

mark

這個系列標記的是一些人、一些事件與活動。

mark 144

餐桌上的電影物語

美食、人性與慾望的浮世對話

作者　蕭菊貞
繪圖　許桂綾

編輯　李濰美
設計　許慈力
校對　李昧、趙曼如、蕭菊貞

出版者：大塊文化出版股份有限公司
台北市 105 南京東路四段 25 號 11 樓
www.locuspublishing.com
讀者服務專線：0800-006689
TEL：(02) 87123898　FAX：(02) 87123897
郵撥帳號：18955675
戶名：大塊文化出版股份有限公司
e-mail: locus@locuspublishing.com
法律顧問：董安丹律師、顧慕堯律師

總經銷：大和書報圖書股份有限公司
地址：新北市新莊區五工五路 2 號
TEL：(02) 89902588　FAX：(02) 22901658

初版一刷：2018 年 12 月
定價：新台幣 330 元

ISBN　978-986-213-938-7
Printed in Taiwan

餐桌上的

美食、人性與慾望的浮世對話

電影物語

FEAST ON FILMS

A TALK BEHIND DELICACY DESIRE AND HUMANITY

24部經典電影的人性料理饗宴

蕭菊貞 著

好評推薦

美食、人性與慾望的大觀園

鴻鴻（詩人、導演）

有兩種滋味最難用文字表達，一個是食物，一個是電影。食物要用味覺品嚐，電影要用視覺和聽覺領略。好不好吃、好不好看，其實非常主觀。別人講得再好，你也不見得能被說服。然而，菊貞用文字傳述這兩者交互作用的滋味，不是要扭轉你的主觀，而是以一個資深電影創作者的敏感與眼界，示範品味的門道。由於都是經典電影，所以沒有劇透的疑慮，反而能在夾議夾敘的抽絲剝繭當中，展現說故事的魅力，並剖析魅力的根由，讓人豁然解悟。

這二十四篇文章不止是美食與電影的小百科，更是人性與慾望的大觀園。學到這兩把刷子，不但讓你更懂得吃、更懂得看，還能深入更多音樂、時尚、政治、文化的面向，以及最重要的，學會怎麼理解生活裡的點點滴滴。

豈只是食物

鄭秉泓（影評人）

作者蕭菊貞以她身為紀錄片導演的敏銳之眼，娓娓道來二十四部電影的美麗與哀愁，而這些精彩故事的交集，正是食物。從上個世紀八十年代的奧斯卡最佳外語片《芭比的盛宴》到今年剛問世的《小偷家族》，從印度《披薩的滋味》到台灣《總舖師》，片中形形色色的食物豈止是食物而已，它們既是奢華享受，也是觸媒手段，還肩負維持生命與寄託情感的功用，食物即生活，就食、用餐和烹調，不只是一門技藝，同時更是人生哲學。我喜歡《完美陌生人》那篇從「分食」這個舉動來切入人與人之間的微妙關係，也喜歡《香料共和國》那篇從食物的香料談到故事的香料，蕭菊貞的文字淺顯易懂，情感真切，閱讀這本書，就像是跟她一起享用了無數頓美味的電影大餐。

心動的必要

藍祖蔚（資深影評人）

人生少了食物，就少了元氣，然而飲食能夠構成難忘經驗，往往繫乎你的飢餓指數與金錢空間，前者在乎溫飽，後者在乎品味，乍看是唯物層次的滿足，實則攸關唯心感受。

又冷又餓時，一碗泡麵、半碗剩麵都已足夠。不信，你去問《崖上的波妞》的波妞，抑或《如果．愛》中的周迅，風雨如晦，雞鳴不已，此時食不在精，有，即已珍貴，即使只是寒天中的微溫，都有著讓心與人都火熱起來的能量。

伊丹十三的《蒲公英》，選擇最平常不過的拉麵切入，從湯頭溫度到吸食的聲音都可以讀出食物入口入心的指數高低，那就是唯心指數的美學。反之，你同樣不會忘記《飲食男女》中國宴主廚郎雄的滿漢全席，要他整治一桌佳餚，絲毫不難，關鍵在於誰吃得出箇中滋味與用心？味蕾喪失的他，相較於不懂色香味之美的食客，誰比較蒼白？

蕭菊貞選擇《戀戀銅鑼燒》做為《餐桌上的電影物語》的開場，是既深情又明智的選擇，因為，唯有懂得聆聽紅豆的聲音，才能烹調出最香濃的紅豆，樹木希林就是這麼精熟又自在地在料理中揉進了生命體悟，就連《橫山家之味》中紅燒肉燉蘿蔔的慢火，亦有著撩動味蕾的香氣，她是橫山家的女王，就靠著一手體貼細心的妙手料理，呵護著全家人從腸胃通往心胸的捷徑，順帶攬著男人不可告人的幽微心事，輕輕放著風箏，讓你怎麼也逃不出她的心掌心。

《餐桌上的電影物語》有二十四則故事，有的從食材切入，有的從人心出發，即使只是平凡至極的烏鴉蛋披薩到午餐便當，或者是很難與罪惡一刀切割的美味巧克力，最終都呼應著禪宗六祖的那句「風吹幡動」的偈言：「不是風動，不是幡動，仁者心動。」讀著蕭菊貞的文字，從舌動、意動到心動，亦有一場文字的饗宴了。

電影藝術裡也有中醫精神

沈邑穎（《經絡解密》作者）

看到蕭導的新作《餐桌上的電影物語：美食、人性與慾望的浮世對話》，讓我馬上聯想到中醫十二經絡系統中，代表體格最健壯，慾望最高張的胃經！胃是消化系統的一環，將食物初步消化後輸送到小腸，這點中醫與西醫的看法一致，但中醫發現胃還有一條特殊的經絡通道，將食物中最營養的物質直接運送給心臟，我稱之為「御膳房之路」。這條路線連接胃與心，也串連起飲食與人性、慾望的密切關係。

人生如戲，戲如人生，二個小時的電影濃縮了許多精彩的人生故事，蕭導能以二十四部電影為例，揭開隱藏在餐桌美食下層層疊疊的人性慾望，理性與感性兼具的加以剖析，令我十分佩服，果然處處有學問，電影藝術裡也藏有中醫精神！我也藉此提醒大家，以後看電影要專心，不要邊看邊吃零食，胃填滿了，心神容易分散，錯失細細品味好電影裡的重要線索與精華，那就太可惜了。哈哈，強力推薦！

還好有電影陪伴我們

李明璁（作家）

如果電影是「生活在他方」最適切的索引，銀幕裡外與各種人生虛實交錯的飲食，便是出現頻率最高、聯結最廣的語彙。菊貞巧妙料理五感，把觀影經驗帶到另一層次。讀畢不僅想重看一次佳片、更想同時再來一盤與一杯啊。

目錄

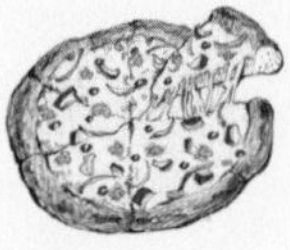

1 美味之下的偷渡

2

美食裡的寂寞慾望

3

餐桌上的家滋味

4 料理場上的人生競技

0・餐桌上的電影物語

序曲：人性料理的盛宴

從小到大我們總是被期待著成為好人、優秀的人、成功的人；當然也包括成為聽話的人，聽爸媽的話，聽老師的話，聽老闆的話，聽政府的話，聽那些握有權力的人的話，但很多時候我們並非真心服從，我們不願臣服，也不甘願接受命運的安排，更不願意成為失敗者。每個人內心都有太多壓抑的情緒需要出口，有太多的慾望渴求解放，有太多的禁忌想要打破，有太多的秘密想要曬太陽。

所以人們愛吃、愛看電影，期待快速療癒受傷的心靈，找到情感的共鳴，在一餐內快速提升血清素，在兩小時內，滿足現實中不能實踐的渴望，甚至為自己的孤單和挫折找到安慰。

而電影需要故事，故事需要衝突，人性裡隱藏的矛盾與衝撞，在現實中解決不了，電影正好可以幫你完成；食物裡夾帶著太多的慾望與記憶，曖昧不明卻又喬裝得若無其事，正好和電影的特色合拍。於是乎美食、人性和慾望，多麼美妙地在電影的餐桌上，進行著一場華麗的浮世對話。

在《餐桌上的電影物語》這本書中，我選了二十四部電影上菜，在「美味之下的偷渡」、「美食裡的寂寞慾望」、「餐桌上的家滋味」、「料理場上的人生競技」四大主題桌上與讀者分享。我們不必相識，不必有責任與義務，就是一起好好享用這二十四道電影，品嚐電影色、香、味的藝術表現，剖開故事中的社會意識與價值觀，一窺作者的觀點，同時也可以一邊灑上自己的調味料，那是只屬於我們的人生滋味。你可以喜歡，可以感動，可以有意見，可以邊吃邊吐骨頭，因為這是一場電影與觀眾之間約定好的秘密派對！

對了，難免劇透，勿喜勿怨。

食物油封著成長的記憶

記得應該是從小學三年級開始，我就會跑進廚房玩，喜歡跟在媽媽前後繞著，看看她怎麼料理食物，大菜我不懂，光是看著料理的小魔術就很滿足，例如油鍋下菜前放進幾顆拍碎的蒜頭，總是瞬間散發出一股溫暖的香味；簡單的蛋花湯關火前，淋上幾滴麻油，湯就多了滋潤的口感；青菜要大火炒，菜梗、菜葉要分批下鍋；還有媽媽拿手的客家菜，封高麗菜、封冬瓜，那一大鍋的熬燉，整顆蔬菜窩在鍋裡的模樣和香味真是太有趣了，我總是忍不住去掀開鍋蓋，看一下它的變化，而媽媽肯定在後頭嘀咕，「不要打開！熱氣會跑掉了！」

其中最讓我難忘的就是媽媽做的饅頭、包子，雖然已經是小時候的滋味，但現在仍可毫不猶豫的說出，那是我至今吃過最好吃的饅頭和包子了。尤其是看著麵糰從黏糊糊的一團水跟麵粉的混合物，膨脹~膨脹~，變成白胖胖的模樣，真是太可愛了！最後放進蒸籠，它們又會再長大一次。等待的時間裡，整屋子都是白麵糰的香味，每次我都會自己捏幾個不同形狀的饅頭，證明那是我做的，然後等爸爸回家時，向他炫耀……。後來在外頭工作，只要在路上聞到手工饅頭店家散發出蒸籠裡的麵糰香味，我一定會停下來買幾顆，但說也奇怪，就是吃不到媽媽的那款滋味。

寫稿至此，好像又聞到蒸籠裡飄散出水氣瀰漫的麵香味，就像一提到粽子，我總會想起整條巷子一起大鍋蒸粽子的記憶，媽媽們聚集在大鍋邊，我們一群小孩在旁邊嬉鬧著，粽子的香味真是太美妙了，粽葉的草葉香、米香、炒過的香菇、滷肉香……，很難不讓人動心，明明才吃過午飯，但一串粽子起鍋，我立刻又可以吃上一大顆，尤其自家包的粽子，餡料更是又大又多……。到底是嗅覺記憶，還是味覺記憶牽動著我的情感呀，難以分辨。

食物就是那麼神奇，不只提供了身體養份，也安撫了我們的飢餓感與焦躁不安，還陪著我們一起成長，一起經歷著生命中的點點滴滴，彷彿也把我們的成長記憶包裹在食物裡一起油封，儲存起來。

還記得高中時期在高雄五福路上的德州炸雞店，不是喜歡炸雞，而是有一天下著滂沱大雨，我在二樓的大窗內，看著雨中街景、人群，那一幕疏離中的孤獨感，深深觸動了當時大女孩的心事。之後每次看到炸雞店，我都會想起那場午後大雷雨中的窗外景象，那片大玻璃，彷彿是侯孝賢導演《風櫃來的人》當中，大男孩們被騙爬上未完工的大樓，朝外看出去的鏤空景框。當時，我也從大窗戶看著外面的世界，人們在雨中狼狽，而我安靜地看著，這就是我的炸雞記憶。

到了大學時期，我不記得吃過什麼，唯一有的印象是社團（那時辦報，雙週刊）年終聚會，大家總是喝得爛醉，那是看藝術電影、讀哲學書、滿肚子憤怒與困惑的年代，我對竹葉青、紅葡萄酒和啤酒的味道就從那時刻建立起連結，現在想想有點好笑，當時就是狂。而現在大概只剩下對咖啡的嗜好。

所以當我看到《香料共和國》、《海街日記》、《小森食光》這類電影時，濃濃的食物與記憶的刻痕，總是感到特別有滋味。

餐桌上的食物以文化背景和社會階級的桌腳托著

餐桌上的食物，與家庭的文化背景和社會階級息息相關，尤其是外省眷村的廚房更明顯，來自大江南北的家鄉味，在簡陋狹小的眷村裡相聚，看你餐桌上偏好的食物屬性、口味（甜、酸、辣），就可以猜到你是哪裡人，更不用提每個地區都有它的重點美食。

台灣土地面積雖小，但族群複雜度高，不只原住民各族有特色，閩南、客家味道也有不同。母親是客家人，我家廚房就常備有油蔥酥、酸菜、福菜，父親來自湖南，每年過年一定要帶他買到湖南臘肉。現在台灣有更多新住民，更多不同國度的食物湧上岸來，異國美食的品嚐除了嚐鮮外，我更喜歡聽他們說著自己文化的故事。尤其是做紀錄片田調時，一回生、二回熟，三回走進採訪對象家裡一起吃飯就沒問題了，家鄉菜一上，故事就登場了。

社會階級當然也影響著餐桌上的食物，這是最現實的。電影《小偷家族》桌上的泡麵加可樂餅，與《巴黎御膳房》麵包上的黑松露、魚子醬，撇開美味，最現實的距離就是錢，金錢與權力造就了社會階級的差異，當然也深深地影響著我們餐桌上的食物。在電影《披薩的滋味》故事裡，最是明顯，透過一片披薩的誘惑，挑戰的豈是味蕾，更是社會階級的柵欄呀。所以在許多電影故事裡，食物一直是最容易取得的階級象徵物，想要創作寫故事、拍電影的人不能不善用。

食物是電影中慾望符號的代表

食與性，在人性慾望與人體生理的運作中，存在著密不可分的曖昧，這點在醫學與心理學研究中都已得到證實。

食物的營養成份濡養著生命的運轉，維繫著身體的機能，也直接影響著腦內的神經系統和內分泌系統，換言之，我們的身心都受到食物的影響。所以巧克力能讓我們感受到愉悅，香蕉是很好的抗憂鬱食物，壓力大時特別想吃又香又脆的炸物，咖啡也會讓人上癮……。而在性慾上無法得到滿足時，人們竟然會轉而從尋求美食上得到滿足，這兩者在大腦的反應區竟有著高度的重疊。

電影中，食與性更是好搭檔，美食與性愛都很容易營造畫面感，也能很快地與觀眾的生活經驗產生連結。有些現實生活中不能吐露的慾望，更是許多電影創作者想要挖掘、琢磨的寶石原礦。其中食物更經常成為性暗示符號與象徵，形體的暗示如香蕉、桃子、朝鮮薊等，刺激性慾的成份暗示如巧克力、辣椒、榴槤等，甚至包括食物吃入口的姿勢，都能成為各種慾望的暗示。反之，節制飲食與禁食也成為控制慾望的手段和象徵。

在電影《芭比的盛宴》、《濃情巧克力》、《刑男大主廚》等作品中，這些討論與辯證更是成為故事表面下，波濤洶湧的主旋律，食物擺盪在個人慾望與宗教、傳統約束力與自由解放間的對話，非常精彩。

電影上菜，誰來點餐？

回到觀眾的位置，既說觀影過程是電影、作者、觀眾的三方對話，作者的創作企圖與藝術表現，觀者的生活經驗與觀影投射，都影響著電影如何被閱讀，甚至直接影響了票房。在電影市場的操作下，賣座必然是第一優先的考量，瞭解觀眾想看什麼，也成為製片與電影公司不能不面對的課題，創作者如導演、編劇，當然也不能置身事外。

電影要上菜，那誰來點餐？筆尖轉向自己，想想我們又是懷抱著什麼樣的心情走進電影院？

•給我一杯拿鐵！

若你站在星巴克櫃檯前一個下午，就會知道拿鐵可能是賣得最好的咖啡飲品，因為很多人不知道該喝什麼時，就來一杯拿鐵吧！只是跟得上流行跑咖啡館，不懂咖啡也不太會出錯的選擇，加了三分之二牛奶的咖啡，就算咖啡豆烘過了頭，也會被牛奶的滑順包裹得無傷大雅。

這類的電影客戶不少，大家想要的毋寧是一種陪伴、一份安慰，故事不能太刺激、太濃烈，也不能太無聊，有趣很重要，除了讓我有結伴的社交話題，還能打發無聊的時間。當然，我們也不會是忠誠的客戶。有更新奇的口味，我就不喝拿鐵了。

‧品一杯單品咖啡！

影迷、影癡看電影，我們很認證大師經典，所以豆子來源很重要，品牌的口碑很重要，過去的得獎記錄也很重要。每一杯咖啡，不只要清楚來自哪個國家、哪個地區（海拔高度、氣候）、哪個莊園，還要了解烘豆的時間、火候，煮咖啡時的水溫、手感與杯子，無一不是關鍵。

我們是藝術創作者的知音，一杯咖啡的美味，至少要能嚐出十種味道的形容，說得直接一點，我們的品味，本身就是一種品牌。

‧馬卡龍，來甜死我吧！

吃過馬卡龍嗎？高檔甜點屋裡一顆上百元，一般麵包店長相差一點也要二、三十元，特色是彩色、可愛、甜入心。我們自己可能不會花錢買，但很期待喜歡的人送我，或你不是我喜歡的人也沒關係，至少你是想討我歡心，收到一大盒馬卡龍，多麼值得炫耀呀。

有些電影被期待就是要甜，適合寂寞的時候看，約會的時候看，現實中愛情很要人命，失敗率不低，為了愛情圓滿要努力，要歷經辛苦，所以浪漫愛情電影一定要能滿足我，最好還有一點催情效果。別給我開放式結局和悲劇收場！

・一個人的泡麵，快！

餓了！就是要趕快吃飽，泡麵最快。導演別談大道理，劇情不要囉哩巴嗦，不要拖泥帶水，我沒力氣燒腦，只是想看電影、看卡司，所以我喜歡有熟悉感的演員和故事，我可沒心情重新認識你們！有續集的最簡單，電影台會重播也沒關係。漫威系列、柯南系列、死屍系列、周星馳都好，快！

・歐式自助餐就是要吃到飽！

看電影很貴，錢要花得值得最重要，明星要多，特效要厲害，劇情要刺激，要有爾虞我詐，要有黑道壞人，要有武打場面，要有浪漫愛情，要有性愛場面，劇情要讓我猜不透，結局又要讓我猜中，而且最後的結局還要讓我很滿意。

嗯，我一年只看一次電影，就是賀歲片。

•迷戀異國料理！

我喜歡透過電影接觸不同世界與文化，嚐新嚐鮮，就像無法拒絕異國料理的誘惑，不要給我大腸麵線加臭豆腐，我期待兩小時的世界旅行，印度咖哩、法國料理、懷石套餐、滿漢全席、韓國泡菜、比利時薯條、墨西哥捲餅都好。我也可以接受去火星探險，深入黑洞與冥王星。

你知道的，我很享受一個人的旅行！

沒有一部電影能滿足所有的人，我們也可能在不同的生活情節中，成為不同的點菜觀眾。做菜的人、點菜的人、品嚐的人各有所圖，各取所需，電影的豐富不只是屬於影評人和學者，也不是只靠影展或票房就能秤斤論兩，電影歸屬文化的價值，是由當代的我們一起建立的，我們因著共同的記憶與情感經驗，共同生活在這個時代下所完成的影音書寫，這就足以讓電影像食物一樣，讓人迷戀。

讓閱讀電影也能成為豐盛饗宴

寫這本書想分享的是閱讀電影的不同切面，閱讀電影對我來說是生活中一件很享受的事。許多經典好看的片子，經過一段時間的沉澱再看一遍，總會有意外的驚喜與收穫，是我們成長了，也更能體會人性的複雜與生命的聚合是怎麼一回事吧！所以，閱讀電影不是追逐首輪賣座片，也不是追逐影展片，真的讓你難忘的故事有時與票房、卡司都無關，一部好電影所留下的密碼與共鳴，就像生命中的一餐珍貴美食，可以在我們心中留下很深刻的記憶，偶爾再想起來，就像想起老朋友般親切。

1・美味之下的偷渡

戀戀銅鑼燒：看！櫻花真美

每次熬紅豆餡時，
我總會豎起耳朵聽紅豆說話，
想像紅豆也看到過的雨天或晴天，
不知道是被什麼風吹來這？
聽聽紅豆講旅行的故事……

能把一個簡單的甜點，一個悲傷的故事，說得那麼美真是不容易。《戀戀銅鑼燒》是我看了三次還會忍不住掉下眼淚的電影，但心是暖的。

一個關於痲瘋病人被社會歧視放逐的故事要拍成電影，就像煮紅豆湯一般，功夫都在細節裡，稍一不慎便會焦了鍋底，或根本嚼不爛。要熬到不慍不火，又粒粒分明，還要甜中帶蜜，靠的是功夫，是經驗，得要用心經營才行。

銅鑼燒店的店長千太郎，因為之前在酒店工作時出了意外，本來是要勸架反倒成了事主，傷了人，自己也付出牢獄之災，還得賠償一大筆錢，於是只好委身在銅鑼燒小店裡工作還債。他總是一臉憂鬱，眼神愁得化不開，沒客人時他經常在公園默默抽著菸。他做的銅鑼燒好吃嗎？當然不。千太郎非但對工作沒熱情，自己也不愛甜食，甚至連一個完整的銅鑼燒都沒吃完過，平常用的豆沙餡就是買工廠做的大桶裝，這樣的雙手和心思，肯定是沒辦法做出好吃的銅鑼燒。

在櫻花盛開時，德江奶奶突然出現，她從窗口探頭問店長是否能來打工？乍看這老人家，不僅年邁，雙手又有著彎曲的病徵，任何老闆應該都不會想用這樣的員工來做粗活，但德江仍滿臉笑容的想為自己爭取機會，她表示，「我只要時薪兩百就好！」（銅羅燒一顆一百二），但店長仍然拒絕。

德江離去時，抬頭望向滿樹櫻花，只說了句：「看，櫻花真美呀！」

隔日，德江帶了一盒她自己熬煮的紅豆餡來給店長試吃，她話不多說，留下東西就轉身離開了。

店長私下嚐了德江奶奶的紅豆後，非常驚訝！

德江奶奶再次出現時，櫻花已飄落，嫩葉初現，她站在銅鑼燒小舖外，望著樹梢，陽光灑落，樹葉隨風搖曳，她忍不住開心地說：「花都落了……樹葉們都在揮手呢，她們笑得好燦爛！」

這天，店長告訴她，她煮的紅豆真的很好吃，希望她來一起工作。德江聽到自己終於被接納時，心情就像女孩般雀躍，感動到快哭了。

德江奶奶決定從明天開始教店長怎麼做紅豆餡，她甚至堅定的說：我們從太陽露臉前就開始工作吧，這樣的積極，讓慣用現成餡料的店長嚇了一大跳。電影中接下來一段熬煮紅豆餡的過程，拍得非常細膩，雖然過程僅是兩人擠在小廚房裡，面

對著一大鍋紅豆，但透露出的食物哲學真是動人！

他們從泡豆子開始，「泡豆子前，你仔細看過它們嗎？」德江問，店長一臉茫然，完全不能理解，但德江奶奶卻是很仔細的看著每一顆豆子。

開始蒸煮紅豆，這需要漫長的等待時間，店長早已累得睡著了，但閉目養神的德江卻很仔細感受著空氣裡的味道，突然間她喊道：「應該可以了，水氣裡的香味不一樣了！」店長嚇醒，趕緊配合關火，準備進入燜紅豆的階段。沒耐心的店長始終不明究理的配合著德江的指令，稍有空擋就躲到門外抽菸，完全無法領會德江奶奶的感受，嘴裡還碎唸著：「真是麻煩呀！」

但德江奶奶卻這麼形容紅豆：「這可是一餐美食呀！」

「美食？給客人的嗎？」

「不，是給豆子。」德江笑得神秘。「這可是特地來的嬌客，打田裡來的。」

每一次的沖水都要輕輕地，只能用小水流，把紅豆的澀味沖走，一次又一次，直到鍋子裡的水變得清澈。德江的臉老是貼近著銅鍋裡的紅豆看，一旁的店長感到很困惑，看來看去都是紅豆，到底在看什麼？

最後還要加糖攪拌，進行糖漬。

「還得等嗎？」店長的耐心已經快到極限了。

「三兩下就煮好，對不起豆子呀！得先讓豆子均勻的吃到糖汁，就跟相親一樣，接下來就要讓年輕人自己聊。」德江非常得意的解釋。

「那接下來還要等多久？」

「大概兩小時吧！」

這一連串的過程，幾乎沒有戲劇性的進展，只有紅豆慢慢的熟了，但卻能讓觀者彷彿也跟著德江奶奶的用心，而滌淨了自己的心。德江的這番手藝與經驗，是她長期在痲瘋病療養院裡練就出來的功夫，她在院裡專門負責做甜點給大家吃，一做五十年。

店長的銅鑼燒因著德江的手工內餡而大受歡迎，甚至成為排隊的熱門商店。但好景不常，當德江被認出是痲瘋病人的身份時，竟然被鄰里攻擊，還謠傳說這種病會傳染（其實早已治癒，並被證實不會傳染），嚴重的話手指和鼻子會掉下來，這種病可是要關一輩子的⋯⋯。

人言可畏，人言可畏！沒有人願意再來買銅鑼燒了。於是店長也只好痛苦的暗示德江該離開了。

不久之後，德江寫來了一封信：

⋯⋯

每次熬紅豆餡時

我總會豎起耳朵聽紅豆說話

想像紅豆也看到過的雨天或晴天

不知道是被什麼風吹來這？

聽聽紅豆講旅行的故事

這個世界所有的故事，也許就是因為這樣
昨天，風吹過冬青樹籬
似乎在告訴我該告訴你我的故事
就算自己以為活得理所當然
世人的不理解還是能毀了一個人
……

「人言可畏，這回比人言可怕的是我，我沒能保護她呀。」千太郎非常懊悔與自責。

透過這個故事的主要角色，1.自我封閉的店長千太郎，2.想要尋求接納與參與社會的德江奶奶，3.有家庭問題的高中女孩若菜，我們看見的是城市裡的孤獨，與邊緣人的無助，他們都不是社會的成功典範，甚至是失敗者，但卻透過德江奶奶的銅鑼燒而被療癒了。但悲傷的是，他們最終敵不過社會的集體壓迫與歧視，讓銅鑼燒的美味就如同櫻花乍現的短暫美好，瞬間凋落。

當千太郎與若菜前往「全生園」療養院探視德江奶奶時，也帶著我們看見更多的病友，他們就和德江奶奶一樣，一生都被困在這裡，被社會遺棄與封鎖，但他們並非怪物，也非魔鬼，而是活生生的與我們一樣有血有肉有情感的人，只是他們曾經在年輕時生了病。這讓我想起自己曾經因採訪台灣樂生療養院的故事，而接觸了這些病友，聽著他們說故事，真的好心疼，他們多麼期待能被社會大眾接納……。導演河瀨直美透過這部電影傳遞了這份單純卻又強大的心念。

最後德江奶奶給店長的錄音裡說了一段話鼓勵他：

我說店長呀！我們生來就是為了看看這世界，聽聽這世界，就算沒能成為什麼大人物，我們也有自己活下來的意義。

導演河瀨直美接受訪問時曾說：「全生園是位於東京最大規模的痲瘋病療養院，目前仍有兩百多位院民，平均年齡八十歲，我想最多再過二十年，這個地方也要灰飛煙滅了。當年他們被社會隔離，被歷史湮滅，如果沒有人說出他們的故事，這些人會隨著逝去而被塵封在歷史裡，所以我認為應該要關注這件事。……我第一次去全生園時，就像電影裡的千太郎與若菜一樣，踏進去後看到一些五官不完整、沒有手指或腳趾的人，我會不會也跟外界的人一樣對他們有歧視？我是很害怕的，不知道自己會有什麼樣的反應，與其說害怕漢生病患者，不如說害怕看到他們的自己。」

從導演的敘述，可以清楚了解這部電影的態度與立場，痲瘋病的病友們需要被接納，而我們的恐懼與歧視其實才是真正需要反省的。《戀戀銅鑼燒》的日本片名是「あん」，「豆沙」的意思，改編自同名小說，從日本著名的甜點銅鑼燒來牽引出這樣的一個故事，相當有創意，透過銅鑼燒（多啦A夢的最愛）的普遍，與看似簡單的作法，帶出德江奶奶細膩感性的一面，她對紅豆／食物／生命的態度，何嘗不是對照出人與人之間的關係，映照出內心的面貌。

銅鑼燒的緣起，傳說是日本大將軍弁慶，為了感謝在戰場受傷時幫助他的恩人，於是以銅鑼當鍋，以麵皮煎烤出點心回贈之。一方面是以銅鑼煎餅，另一方面是因為煎出的餅圓圓扁扁酷似銅鑼，所以慢慢流傳就稱之銅鑼燒。這個歷史故事，為這點心增添了更多的傳奇色彩，帶著感恩之心的餽贈，多麼珍貴！與電影故事相映，份外多了一絲暖意，絕非巧合。

賞櫻花的滿樹綻放，哀嘆櫻花的隨風凋落，已是根植於日本美學中的傳統底蘊之一。

德江奶奶悲劇性的一生，卻在人生最後得以走出療養院，短暫地在世人面前綻放，撫慰了千太郎、若菜，和許多忘了紅豆真滋味的人們，然後黯然離去，不就像櫻花一樣嗎？最後她葬在一棵吉野櫻樹下，而千太郎也重新振作起來，在盛開的櫻花樹下，以德江奶奶傳授的手藝，把銅鑼燒的美味跟世人分享。

看！櫻花真美呀。這不正是《戀戀銅鑼燒》裡的隱藏滋味，下次若有機會自己煮紅豆，記得也要聽聽紅豆的故事！

披薩的滋味：烏鴉蛋與資本主義披薩

披薩店靠著金錢、權勢、宣傳吸引消費者上門，
它賣的不只是披薩，
也賣階級、社會地位、富裕的美好等價值，
雖然這些身份可能是踩著一些不義所建構而成的，
但卻是不能戳破的秘密，
誰都不想沾染上不義之名，污染了高貴的白。

心理學談慾望，它驅動著我們的情感反應與行為模式；經濟學談慾望，刺激了消費，創造出自由經濟市場；宗教更是不能忽視慾望這魔鬼，「生死疲勞，從貪欲起」，貪欲愛欲失控都會引來殺機。一旦心底起了一個念頭想要得到某樣東西，慾

望的火就會熊熊燃起，不滿足不罷休。

在電影《披薩的滋味》（The Crow's Egg）中，兩個貧民窟的小兄弟，因為看了披薩店的廣告，以及大明星吃披薩的現場熱鬧，心中升起了想吃披薩的慾望，這兩兄弟家裡窮到沒錢可以讓他們去唸書，到鐵軌邊撿煤炭一天最多也只能賺十塊盧比，但一片披薩就要三百塊盧比，到底他們要如何才能吃到披薩？

如果這是道國小數學考題，那就是讓他們每天拚命撿煤炭，三十天不休息就可以得到一片披薩。但在真實世界裡這答案是錯的，因為就算有了三百塊盧比，披薩連鎖店還是不願意賣給他們，因為他們是貧民窟的小孩，全身髒兮兮是不能走進裝潢新穎又有冷氣的披薩店，於是這似乎又衍伸變成社會學的課題。

所以一片披薩的價值，不只三百塊，還需要穿上一襲新衣裳，讓他們看起來不像貧民窟的小孩。於是他們只好再努力打工賺錢，為了多存兩百三十塊，可以到購物中心去買新衣服。

好不容易存到了錢，卻因衣著看起來實在太破爛，連雙鞋子都沒有，因此就算有了錢也進不了購物中心，所以他們連買新衣服的機會都沒有。還好最後大哥腦筋動得快，用小聰明去跟有錢人家的小孩交易，才換到了新衣服。

有了買披薩的錢，有了新衣服，可以走進披薩店嚐到他們夢寐以求的披薩了嗎？

答案還是不能。

他們依舊連披薩店大門都進不了，因為他們被警衛認出了是貧民窟的孩子，那是個遮掩不了的階級印記，最後甚至還被店經理狠狠地賞了一巴掌趕了出去。孩子傷心地流下了眼淚。

英文片名《The Crow's Egg》直譯就是烏鴉蛋，這兩個綽號大小鳥蛋的兄弟，平常的營養補充品，就是去偷大樹上的烏鴉蛋來吃。他們對披薩的嚮往，單純又執著，為了滿足這個慾望，用盡一切努力，甚至在母親言明家裡沒有錢，她賺的錢都要去營救在牢裡的爸爸時，大鳥蛋哥哥竟然脫口而出：「我要披薩，不要爸爸！」

這話聽來荒謬，但一語雙關，孩子何嘗不是對自身長期遭受歧視的創傷心靈做出反抗，那是他再怎麼努力也翻轉不了的殘酷，所以他生氣，甚至對疼愛他的奶奶咆哮：「妳沒有用，妳只會睡覺和吃飯！」

他也憤慨地對弟弟，因為弟弟竟然想吃有錢小孩吃剩的披薩。小鳥蛋弟弟很天真，覺得只要能吃到披薩不是都一樣嗎？但哥哥要的不只是披薩，是尊嚴。所以大鳥蛋哥哥很努力地證明，自己的努力可以讓願望達成。

這部電影的核心命題是嚴肅的，但是劇情處理卻處處充滿喜劇的荒謬與詼諧，尤其兩兄弟演來自然流暢，很讓觀眾入戲。他們是真的貧民窟小孩，也是導演去社區裡找來並加以訓練的小演員。不同於北印度寶萊塢 Bollywood 的電影類型，不管什麼故事題材，總是習慣穿插華麗歌舞，這部片是在南印度的清奈大城 Kollywood 製作的，實景在貧民窟拍攝，風格相對樸實有力。

說說片中的食物主角披薩，關於披薩的起源有N種版本，因為它的原型就是薄餅加上不同食材、起司去烘烤的食物，相當平民化，也很普及。不同地區製作的披薩各有特色，不只薄餅上的食材搭配豐富，各有巧思，就連餅皮的烘烤程度也有不同，有的強調薄脆，有的則喜歡油潤柔軟，後來流行到美國變化更多，甚至為了到不同國家擴店，而有了地區特色披薩誕生，日本有照燒醬披薩，印度也有咖哩口味披薩。

若仔細看，在《披薩的滋味》片尾，兩兄弟吃的披薩就是咖哩醬料的披薩，而不是一般主打的瑪格麗特系列。

著名的拿坡里瑪格麗特披薩，是一八八九年六月義大利瑪格麗特女王出訪拿坡里王宮時，由披薩師傅拉斐爾·艾思波西多所製作，餅皮上用了番茄、莫札瑞拉起司、羅勒葉，象徵了義大利國旗的紅白綠三色，披薩色香味俱全，女王大悅，於是命名為瑪格麗特披薩。

在《披薩的滋味》中，老奶奶為了滿足兩個孫子想吃披薩的強烈慾望，也嘗試用她的理解來製作披薩，於是她一手拿著Pizza Spot傳單紙，對照上面的圖片要孫子去買了紅番茄、洋蔥與青椒（各兩盧比），在印度圓形薄餅上有樣學樣的擺出瑪格麗特披薩的樣子，無奈烤好後，男孩們吃一口完全不買單，大喊是假的！因為沒有「黏黏的」。

這黏黏的東西當然就是起司加熱後的口感牽絲狀態，可不是奶奶以為的洋蔥能取代，但奶奶不懂，還直說：「只有壞掉的食物才會黏黏的！」其實如果從壞掉（發酵）的牛奶來想奶奶的邏輯倒也沒錯，可惜最後奶奶這披薩只落得被小狗吃掉的下場。

關於片中兩個男孩吃不到披薩的難題，已是大鍋裡社會結構、貧富不均、階級歧視的料理結果，這是現實社會中難解的毒物現象。雖然經濟學之父亞當．史密斯認為：「應該任由每個人基於自我利益而從事經濟活動，國家不必多作干涉，而最後各種利益會被市場規律那看不見的手所調和，使得社會整體得到最大的好處。」但在資本主義的運作下，好處似乎只落在部分人身上。

這世界級的難題該如何收拾？導演在電影故事中巧妙地運用了另一種群眾的力量，就是媒體。店家要賺錢透過媒體去宣傳，相對地若有名聲的崩壞，媒體也會快速的傳播而讓店譽受損，影響他的獲利。所以透過披薩店經理打大鳥蛋哥哥的影片外流，讓原本高傲的披薩店經營者受到威脅，再加上政客以及地方混混的介入，更讓事情如滾雪球般的難以收拾。

披薩店靠著金錢、權勢、宣傳吸引消費者上門，它賣的不只是披薩，也賣階級、社會地位、富裕的美好等價值，雖然這些身份可能是踩著一些不義所建構的，但卻是不能戳破的秘密，誰都不想沾染上不義之名，污染了高貴的白，所以當媒體大肆報導披薩店歧視貧民窟男孩時，一時間煽動起了社會公憤，終於逼得披薩店道歉妥協。於是兩個男孩以他們的原型，骯髒的衣服、光腳丫，一臉稚氣又困惑的在眾人、媒體的簇擁下，踏進了披薩店。並在眾目睽睽下，吃下了他們人生中第一口披薩。

披薩的滋味如何？

「我覺得奶奶的薄餅比較好吃耶！」

這部電影最想說的話，躲在故事背後的意識型態，也莫過於此。

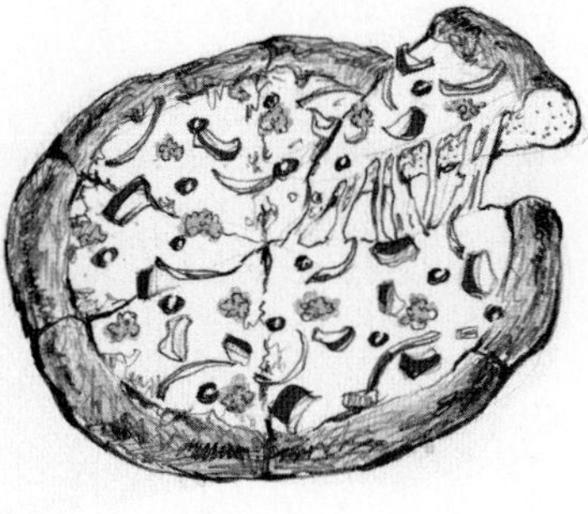

香料共和國：在政治的天空下，捻一抹鄉愁的滋味

你要記得，不管在哪兒都要仰望星空，
星空中有我們看得見的東西，但也有我們看不見的東西，
你要談的是別人看不見的東西，
大家都愛聽看不見的東西，
食物也一樣，只要好吃，看不見鹽巴又何妨？
別人不在乎，但精華就在鹽巴裡。

口味是文化產物，主導的不是舌頭，是大腦，融合了味覺、嗅覺、視覺、情感與記憶。每個地區都有它特殊的食物與料理方式，是結合了在地的地理環境、人文歷史共同促成的特定文化印記。因此利用食物來凸顯文化差異與鄉愁，都是電影中

常見的手法，不是說故事人聰明，而是這共鳴的力量驚人，輕易就能牽起劇中人與觀眾之間的情感神經。

《香料共和國》這部電影的編劇、導演、製作人都是迪索・布麥特斯（Tassos Boulmetis），這故事也是以他的自傳為基底改編的，劇中主角凡尼斯的設定和他一樣，都是在一九六四年被土耳其政府驅離的希臘人，他們都對兒時的家鄉存有濃濃的鄉愁，那是一個有外公、有香料舖、有青梅竹馬小愛人的美好。但這一切在土耳其與希臘兩國的衝突下，被撕裂了，一個原本安穩的家，硬生生的被拆散，只要在國籍或宗教上不符合一方的設定，就得被遣送到另外一邊。

當年兩國荒謬的想建立純希臘國與純土耳其國的執念，不知讓多少人民經歷了如導演一家人的悲劇，生離與死別都要背負一輩子的痛。

可悲的是，希臘裔的凡尼斯與爸媽被土耳其政府趕回希臘後，希臘社會卻沒有因此同情或接納像他們這樣的人，反而視他們為「土佬」，對他們充滿了歧視。受傷的歸鄉人，回到夢中故土，才發現原來故鄉還是想像中的美，卻已然回不了自己真正的家了。在政治的天空下，不知有多少家庭被迫分離，《香料共和國》這部電影的希臘原片名是《Politiki Kouzina》，有著雙關語的意思，既是君士坦丁堡的料理，也暗喻政治影響下的美食，而此處所標榜的美食料理，追尋的何嘗不是那份屬於家的情感羈絆。

「食物和故事都需要加油添醋才會更吸引人。」

《香料共和國》（A Touch of Spice）一開場就直接點出了這句話，配搭的電影畫面：是非常飽滿的母親乳房與嬰兒，嬰兒轉過頭不想吸奶，而母親輕輕地捏了一點糖粉灑在乳房上，孩子立即就被吸引，而且開始幸福的吸吮著母乳了。食物和故事，有時就是加了一點這樣的魔法，結果就不一樣了。導演不只以食物暗喻，甚至也偷渡了他的電影思考。

料理的魔法，就是香料。

劇中外公以香料引導小凡尼斯理解天文學的一場戲非常經典。在畫有太陽系行星圖的紙上，外公對他說：「我負責講，你負責品嚐和想像。」

外公用手指捏起一把辣椒粉說：「辣椒，熱情中帶點火爆。」

「像太陽。」凡尼斯毫不猶豫地回答。

「太陽照到什麼？」

「什麼都照到。」

「所以每一道食物都要加辣椒。」外公話一說完，便把辣椒粉放在紙上的太陽位置，凡尼斯此刻眼神閃爍，彷彿領略了宇宙的奧秘。

外公又繼續說，金星像肉桂，金星是維納斯，是最美麗的女人，肉桂就像女人，甜蜜中帶點苦澀。再問：「那地球有生命，生命需要什麼？」

「食物。」

「食物需要什麼可以讓它更美味？」

凡尼斯想了一會兒：「鹽！」

外公笑了：「對，生命和食物都需要鹽。」於是老人把鹽放到了地球的位置。

凡尼斯後來成為一位天文學家，很明顯的暗示著是受到外公的啟蒙，因為外公曾經對他說：「天文學（astronomy）的字是被包含在美食（gastronomy）之中。」一到了電影最後，凡尼斯教授終於在四十二年後，鼓起勇氣回到兒時那間香料舖，走上閣樓，那個瀰漫著外公魔法的香料世界，雖然屋已傾頹人已離逝，但最後他抓起各種香料灑向空中，那些香料竟形成了一片宇宙星雲，此刻既魔幻寫實，也映照著男主角與導演的內心世界。

故事頭尾呼應，是再清楚不過的核心主題和敘事技巧，藉由親情、愛情與香料的鄉愁，料理出政治這道殘酷的主菜。就彷彿身在希臘的小男孩要寄明信片給土耳其家鄉的外公和小情人時，他總會在明信片上沾一沾香料再寄出，這個小動作，毋須對白卻意義強大。

在電影敘事結構中，導演直接以字幕區分了三個段落，分別是開胃菜、主菜與甜點。

開胃菜

開胃菜是男孩的啟蒙，他從外公的香料世界來認識人性，加以親情的分離來認識政治。

詼諧情節如肉丸裡到底要不要加肉桂？外公教女客人做肉丸時，應該捨小茴香改用肉桂，因為「小茴香味道強烈，會讓人變得內斂，肉桂則能讓人兩情相悅，若妳想說我願意，那就加肉桂吧！」

可是，當小凡尼斯把這偷聽來的訣竅用在母親的肉丸時，本意是希望為父母的感情加溫，但卻引起父母之間的大爭吵，因為希臘裔的父親不能接受肉桂，認為肉桂是過去沒有冰箱時，為了防止肉類腐敗，或肉壞掉時掩蓋腐味的香料，但土耳其裔的母親。卻強調自己的母親就是這樣做肉丸，沒有人會懷疑母親的手藝和美味。兩人接著進入希土的歷史論戰，這種對比，似乎暗示了政治與歷史的傷痕，已凌駕於美食和個人慾望之上了。

最後外公在月台與家人告別時，告訴小凡尼斯：「你要記得，不管在哪兒都要仰望星空，星空中有我們看得見的東西，但也有我們看不見的東西，你要談的是別人看不見的東西，大家都愛聽看不見的東西，食物也一樣，只要好吃，看不見鹽巴又何妨？別人不在乎，但精華就在鹽巴裡。」這也算是美食的人生哲學吧！若非真有體會，編劇要能撂下這樣的見解真是不容易。

主菜

主菜是凡尼斯等待親情團聚和等待愛情的滋味，充滿美味的期待。每一次他總是滿心期待著外公帶他的小情人珊美來希臘相聚，為此凡尼斯一次又一次地展現他的廚藝天份，做出了外公愛吃的料理「茄香牛肉加肉豆蔻」，但結果總是一次又一次的落空。

凡尼斯的父親在一次晚宴後告白：「你外公根本就不想來，他不想離開伊斯坦堡，沒有人想離開那裡，伊斯坦堡是城上之城，他是世界上最美的城市。在我們被通知驅離的那一晚，移民官在我耳邊說，只要我改信回教，我們就能留下來，不會有人再傷害我們……你知道這是我這些年來揮之不去的夢魘嗎？因為我沒有直接拒絕，我竟然遲疑了五秒！願上帝原諒我，那是我這輩子最難熬的五秒……」他哭得停不下來。

分離是痛苦的，經歷一次就足以令人害怕，因為害怕再次的分離而選擇逃避，不要再見面，或許就不會那麼痛了吧！這是外公不敢到希臘赴約，也是凡尼斯害怕回到土耳其的內心恐懼嗎？

最後凡尼斯的舅舅在外公去世後告訴他說，外公每次要來希臘，卻又來不了，但事後都會寄一張X光片給他，看到的都是他頸部的舊傷，分別是一九二二、一九五五、一九六四年。以這三個年份去查土耳其歷史，就會發現導演的暗示再明白不過，那三次都是土耳其與希臘的重大危機，包括土耳其獨立戰爭、塞普勒斯衝突，以及「血腥聖誕」土希戰爭。

《香料共和國》電影中，透過人物、香料，與各種符號的埋伏，夾帶出希臘與土耳其之間的長久歷史衝突，凡尼斯的故事就在這樣的舞台景片中上演。這部片的深度與細膩，比起同樣觸及希臘與土耳其背景的《我的希臘婚禮》，是更豐富的。

甜點

甜點是愛情與親情的擁抱與釋懷。凡尼斯終於見到外公的最後一面，感人的是外公雖然插管不能說話，但一聽到凡尼斯的聲音，就忍不住緩緩的動起手指，我們都可以理解，那是他捻起香料的手勢，也是牽繫著祖孫兩人數十年的暗語。

至於愛情的部分，則是另一段感傷，凡尼斯與珊美兩地相思數十年，再次相見該怎麼走往下一步？珊美已有先生與女兒，雖然婚姻在此刻正出現了裂痕，她有機會可以再做一次選擇。若是好萊塢電影故事，肯定是喜相逢大圓滿，但真實世界卻總是徒留感嘆得多吧。導演處理這段感情戲，像是冬日裡端上一杯肉桂檸檬茶，讓你走出餐廳後，嘴裡還沾著這份香氣久久不散。

或許這故事是導演的親身經歷改編，對白與劇情的細節非常多，他也非常善於以食物來暗喻人際關係和內在情感，這樣的電影看過後，總是讓人難忘，也值得再看一遍。

靈魂餐廳：無關階級，誰才能品嚐到美食的靈魂？

真正的美食能與愛、性、靈魂和文化傳統對話，
但也需要人們能把感官的接收器打開。
若像高級餐廳裡那位只把享用美食當成階級地位象徵的人而言，
他是品嚐不出好滋味的。

誰才懂得領略美食的真滋味？
1.肚子餓的人，2.上高級餐館點頂級料理的人，3.美食評論家，4.其他。

電影開場十分鐘內，導演法提・阿金（Fatih Akin）就直接挑戰這容易得罪人的題目，在《靈魂餐廳》（Soul Kitchen）中，透過電影提出了他對美食與藝術創

作的觀點，這部片在二〇〇九年獲得威尼斯影展評審團特別獎，而他過去的作品也曾得到柏林金熊獎（《愛無止盡》Head-On），和坎城影展最佳劇本獎（《天堂邊緣》The Edge of Heaven），他在電影中對於種族、社會階級以及性別、身份認同等問題，都有很深刻的著墨。《靈魂餐廳》故事看似輕鬆，但犀利的刀鋒還是不時會閃出光芒。

男主角辛諾斯（希臘裔）買下了一間老倉庫，自己重新設計裝潢後，變身為一家速食餐廳，名叫「靈魂餐廳」，但賣的卻是漢堡、薯條、炸魚、披薩等廉價食物，在當地有一群民眾是他的主顧客，從表面上看來，這群人比較像是社會底層階級的勞工。他們完全接受每天吃著一樣的食物，重點是他們也不想改變。

辛諾斯在片中經歷了一連串的衰事，女友要去中國當駐外記者，兩人感情出現危機；嗜賭好騙又不工作的哥哥，竟然從牢裡申請到短暫假釋，要來跟他要錢要工作；他為了處理廚房中一台笨重又不靈光的希臘製洗碗機，竟然還閃到腰，造成椎間盤突出，整部電影九〇%的時間他都在腰痛；辛諾斯的小學同學諾曼是地產商人，為了想得到他的餐廳和土地，不惜使出奸詐手段……。

那辛諾斯懂美食嗎？他是美食的擁護者嗎？

不！

導演在電影一開始就打破了你的想像，男主角空有理想，但他的舌頭就像還沒開竅的石頭，無法理解食物。一直到他去參加女友的送別宴時，進到了高級餐廳，他才突然驚覺食物可以這樣好吃。劇情帶點誇張又荒唐的設計，也是這部電影瀰漫的黑色幽默。但這場戲真正的重點是，他遇見了這家餐廳的主廚夏恩，這一晚夏恩正好被開除了。原因是：一個看似上流社會的有錢客人，要求服務生將「西班牙冷湯」用微波爐加熱。

客人的這個要求，夏恩完全不能接受，西班牙冷湯的傳統就是「冷」湯，怎麼能要求加熱？更甚至要求使用微波爐？這是對西班牙冷湯與主廚的雙重羞辱，於是夏恩帶著他的廚刀跟客人理論。結果是店經理當場開除了他。

夏恩最後大喊：「美食就是愛、性、靈魂跟傳統！……」

愛、性、靈魂、傳統，再一次創作者又靠著重要配角的口，喊出了故事的核心精神。因為主角通常是一部電影故事中的受難者、突破者與領悟者，他必須「經驗」種種蛻變與試煉，所以導演或編劇的心聲與意識型態，經常都是由旁邊的角色不經意的釋放，來暗示主角，並提醒觀眾。在這部電影裡這四個條件就是價值。

夏恩到了靈魂餐廳，一看到辛諾斯的菜單完全無法接受，雖然有四十道料理可選擇，但幾乎都是雷同的速食餐點，他要求重新設計菜單。辛諾斯一開始沒法接受，表示客人很喜歡這些食物，為什麼要改呢？但夏恩露了一手，將舊有的賣不出去的材料重新料理擺盤……。「改變一下，製造幻象，修飾一下，加點裝飾。」夏恩邊說邊做，不一會兒功夫，一盤看似高級料理的食物就呈現在辛諾斯面前。

「這可以賣四十五歐元！」夏恩驕傲的說。看到同樣的食材可以賣出三倍價錢，只會賣廉價速食的辛諾斯毫不考慮的立刻點頭說，「我賣！我要賣這道菜！」但夏恩卻當場把這盤食物倒進垃圾桶。

「我要做真正的料理！」夏恩非常堅定的說。

開了眼界的辛諾斯，不想再走回頭路，只好硬著頭皮答應。

這部電影傳遞出的訊息是相信真正的美食能與愛、性、靈魂和文化傳統對話，但也需要人們能把感官的接收器打開，若像高級餐廳裡那位只把享用美食當成階級地位象徵的人而言，他是品嚐不出好滋味的。然而另一批靈魂餐廳的老主顧，他們至少是想要填飽肚子的人，那他們應該是懂吃吧？

結果夏恩費心設計的菜單，他們卻不買單，只想問老闆漢堡呢？為什麼不賣薯條？我想吃炸豬排！我要吃披薩……他們的反應徹底激怒了信仰美食的主廚，夏恩衝出廚房對著這群人大吼：「去超市買你的披薩！你們這群沒文化的鄉巴佬，美食的歧視分子……」衝突一起，客人都憤怒地離開了。

由於廚師夏恩從一出場，性格就被設計的很暴衝，他可以為美食料理不顧一切的付出，但他相對也不好溝通，不夠圓滑，所以常常說出平常人心底不好說的話，看似他對這些工人帶有歧視，但與他在高級餐廳裡，罵著有錢人的用語可也不遑多讓，這兩邊都罵到了，就可以擺脫階級歧視的標籤，繼續說著主廚（藝術家）的堅持。

那誰懂美食呢？

很明顯的，導演相信玩音樂與學藝術的人是可以品嚐美食的，因為他們的靈魂自由，他們的感官靈敏，所以他們能更直接地感受到食物的美味，或許也暗指藝術創作是一種需要與生命中的愛、性、靈魂、傳統交流的樣態吧。因此窮樂團的樂手、愛聽音樂的粉絲們，還有舞蹈學校的學生們，他們都能毫無距離、無障礙的品嚐夏恩的料理手藝。

甚至在享受了一場美食的盛大聚會後，大家都進入了一種開放的忘我狀態，恣意的擁抱與做愛，這若是看在衛道人士眼中，應該會崩潰，或是興奮地說：逮到你們了，看吧！美食真是一種罪惡啊！

音樂，在這部電影中是重要的，不管是電影配樂，或電影故事中男主角辛諾斯對音樂的熱愛，都毫不隱藏的流露而出，甚至在辛諾斯因為欠稅，而被國稅局官員扣押了他的音響時，他還大喊：「喔！我不能沒有音樂，音樂是靈魂的食物！」

但可惜的是，雖然辛諾斯那麼喜歡音樂，但他的廚藝與對食物的領受，其實在還沒遇見夏恩之前，也是封閉的。顯然，這樣的劇情設計，也不能把導演不斷強調的喜歡音樂就懂得品嚐食物劃上等號。

至於創作者的刀鋒，就算為了要討好觀眾，勉強順服，但他的桀驁不馴就像光一樣，還是藏不住的，只要有縫隙就會射出。因此導演雖然是藉由美食來包裝，並裹上黑色喜劇的糖衣，但對於上流社會的貶抑，與缺乏仁義道德的商人，還有冷漠的官員等等角色，還是難掩不爽。

有義氣、有感情、有溫度的終究還是那些近乎一無所有的人。

最後一段法拍會的戲，靈魂餐廳終於從壞人手中釋放出來了，於是一群小人物決心要把它買回來，辛諾斯去找前女友借了二十萬歐元，以為足夠了。但沒想到有錢的競爭者不斷加價，一點也不在乎，還擺出看不起這群小人物的模樣（這樣的有錢人也算是刻板印象中令人生氣的那款），但拍賣會畢竟是灑錢的競技場，窮人怎麼贏得了呢？就算憤怒得大罵「你是資本主義的豬！」也無濟於事。

還好這畢竟只是一部電影，就在競標最高潮的時候，信心滿滿的有錢人還一邊吃著隨身攜帶的糖果，就在他不以為意時，竟然意外地吞下了從窮人衣服上掉落的一顆小鈕扣（鈕扣無意間掉入有錢人的糖果盒裡）而岔了氣，錯失了最後一次喊價的機會。

因此最後還是由辛諾斯和他的一群朋友買回了靈魂餐廳，只比有錢人喊出的價錢二十萬多出十五塊，因為那是辛諾斯從口袋裡唯一能掏出的銅板了。

這部電影雖然採用了商業電影中皆大歡喜的喜劇結局來為這個故事收尾，但導演的意識型態還是在此毫不掩飾地展現出來。

誰懂美食？好像也不重要了。

芭比的盛宴：食物是罪惡還是恩典？

在中世紀的聖經手抄本中出現過許多貪食的圖像，畫中的貪食者大多被描繪成大腹便便的胖子，狼、豬、蟾蜍都是貪食者醜陋的象徵。

在十四世紀時還有神秘主義的信仰者主張，禁食是通往神聖的唯一路徑。

但也有不同的神學家反對，認為過度嚴苛的齋戒，可能引起比貪饞更嚴重的兩項罪孽，一是憤怒，二是驕傲。

細數經典的美食電影，或以美食為誘餌釣出人性真實面的電影故事，大概都不會遺漏一九八七年的《芭比的盛宴》(Babette's Feast)這部一九八七年奧斯卡最佳外語片、英國影藝學院最佳外語片。

電影故事採線性的進行,劇情並不複雜,但故事背後所帶出的宗教性寓意卻一點都不簡單。尤其最後那一場芭比宴請眾人的豪華法國大餐,是令人難忘的,不只是食材的奢華與生猛(第一次看這電影時,見到活生生的大海龜,真是驚嚇了),還包括繁複的法式料理手法。相較於電影前半段清教徒式的壓抑與禁慾,真是強烈對比,這部電影藉食物直指宗教信仰的價值與選擇,既是凸顯上帝的恩典,也是對另一方的挑戰。吃,是一種罪嗎?

故事的開始,發生在靜謐、平凡的一處丹麥海邊小鎮(原著小說設定在挪威),現在回想起那小鎮的畫面帶給我的記憶,竟然是接近灰階的清冷,有著各種層次的灰,與穿著黑衣緩慢穿梭的居民。炊煙裊裊,彷彿唯一能襯托出的主角,只剩特寫的乾扁魚乾。

村子的重心是由一位信義宗的牧師帶領,也稱為路德宗,源自十六世紀德國神學家馬丁・路德為革新天主教會發起的宗教改革運動，當時馬丁・路德對於羅馬天主教會的腐敗非常不以為然，尤其是假借齋戒行奢豪飲食而不齒，他甚至曾經批評天主教教士們「腹部是他們的神，美食是他們的宗教」，一五一八年馬丁・路德還發明了一個詞彙「大腹神學家」來諷刺他們。至於信義宗則強調「因信稱義」，認為罪人單單藉上帝所賜的信心信靠耶穌基督而得救，是完全出於上帝恩典，他們認為聖經是信徒信仰生活的唯一權威。

在《芭比的盛宴》中，牧師有兩位美麗的女兒，他們一家以服侍上帝為職志。牧師說：「我唯一的財富是我的女兒，她們是我的金銀財寶，她們是我唯一的財富。」因此他將女兒取名為瑪蒂娜（另譯為馬丁妮）與菲麗帕，分別以馬丁・路德，以及路德的門徒命名。這兩姊妹一直有來自各地的愛慕者前來拜訪，但她們都虔誠地追隨信仰，選擇與父親和村民一起過著如清教徒般的刻苦生活，不為所動。日復一日吃著清水煮魚乾，以及搗碎硬麵包煮成麵糊的食物。

關於禁慾與飲食的節制，是這部電影前半段的主軸，兩姊妹也為了信仰而相繼放棄了內心曾經嚮往的自由與愛情，還有美妙的歌唱天賦。

十多年過去，父親去世了，兩位姊妹也老了，堅定的信仰似乎沒有帶給大家喜樂，反而讓教友們的心靈逐漸乾枯，甚至彼此攻訐。直到突然出現了一位神秘女僕芭比，一切開始改變了。芭比從法國帶著一封推薦信而來，就像從天而降的天使，她先是順從著村子裡的生活與兩姊妹的要求，但慢慢地她開始偷偷幫村民們的食物加料，甚至在麵糊裡加入碎培根，生病的人因此感受到食物的美味，露出了笑顏。

但教會裡的聚會，攻訐與惡口依然沒有改善，彼此的衝突越演越烈，兩姊妹絲毫沒有辦法應付，連唱聖歌時，大家都停不住的謾罵，芭比看著這種狀況心想一定得要改變了。剛好此時又一個從天而降的好運，芭比在法國的朋友幫她買彩券中了一萬法郎，因此她向兩姊妹提出一個要求，就在牧師百歲冥誕那天，要宴請大家吃真正的法國料理大餐。

芭比的請求，讓大家感到恐慌與不知所措，美食是魔鬼呀！但又不希望讓芭比受傷，於是大家開會決定不要對這頓晚餐提出任何評論與討論，就默默地吃完，當是對芭比的慈悲與善意回應。

於是眾人的禱告詞說：這麵包可以滋養我的身體、我的身體可以支配我靈魂的需求，讓我的靈魂服侍永恆的上帝，阿們！

芭比的盛宴

第一道：前湯—綠海龜湯，佐阿芒提拉多雪利酒。

第二道：前菜—德米多夫比利尼餅覆蓋魚子醬，佐一八六〇年份的凱歌香檳。

第三道：主菜—千層麵烤鵪鶉填佩里格醬，佐勃艮第紅酒。這道主菜將鵪鶉填入肥鵝肝黑松露片用線綁緊，在油鍋裡煎過，再放到烤箱中烘烤。

第四道：生菜沙拉。

第五道：各式起司。

第六道：甜點—朗姆巴巴。

第七道：水果—無花果、葡萄、木瓜……，佐咖啡、陳年香檳白蘭地。

這七道菜，相較於他們長年吃的煮魚乾和麵包糊，簡直不可思議。於是大家竟然再次展露了笑容，甚至彼此讚美對方，讚美主！故事進行到此，寓意已經非常清楚。美好的食物滋潤了他們的口，還有他們的心。原是知名法國餐廳大廚的芭比把獎金全部捐了出來，只為幫助大家找回心中遺忘的恩典。

最後兩姊妹還一度擔心芭比把錢都花光了怎麼辦？沒想到芭比竟一派輕鬆地回答：「藝術家是不會窮的。」當然這裡的藝術家是指上帝，也是真正懂得料理人生的廚師。（現世的藝術家多半是窮光蛋。）

芭比這套經典的法國大餐，我實在沒辦法面對活生生的大海龜和鵪鶉，難有食慾。但覺得有趣的是，法國料理與禁慾修行兩套信仰價值，在電影故事中的對比，正明明白白的象徵著從中世紀以來，西方基督信仰對於「吃」的態度。

在基督聖徒列傳的故事中，經常強調節制食慾是一種美德。吃若失去了節制，便會引發貪婪，所以貪饞也是天主教裡的七宗罪之一。西元四世紀時，曾經有一位米蘭主教寫到：「一旦引進食物，世界末日便開始了」，這應是明指亞當夏娃闖的禍，人類是因為貪饞才被逐出天堂，而人類原本在天堂裡過得好好的。貪饞不僅是原罪的起因，也會引起色慾，誘惑人們犯下萬劫不復的罪。

在中世紀的聖經手抄本中，也出現過許多貪食的圖像，畫中的貪食者大多被描繪成大腹便便的胖子，狼、豬、蟾蜍都是貪食者醜陋的象徵。在十四世紀時還有神秘主義的信仰者主張，禁食是通往神聖的唯一路徑。但也有不同的神學家反對，認為過度嚴苛的齋戒，可能引起比貪饞更嚴重的兩項罪孽，一是憤怒，二是驕傲。

因為飢餓容易引起人們情緒失調，容易暴躁，再者若以禁食為修行手段，反而會陷入驕傲的誘惑，誤以為做到超乎常理的事就值得榮耀，因此比較中立者還是強調適當飲食的重要。這讓我不禁想起在佛教修行中，也有這樣的苦修，佛陀不也在菩提樹下六年禁食，但最後還是接受了牧羊女的羊奶後才悟道的。

但人性所製造的麻煩，通常越是禁忌所止，越是內心慾望所嚮往。到了中世紀，最被詬病的貪食單位，竟然指向了羅馬天主教會的教士，這也讓一批宗教改革者挺身而出，抨擊教會，馬丁·路德就是一個代表。

時至今日，仍有不少以新教文化為背景的英國、北歐地區，強調飲食簡樸，拒絕揮霍的主張，而以天主教文化為基礎的南歐（法國料理為領頭羊），則強調精緻料理與用餐的感官享受，彼此的見解還是不同。

《芭比的盛宴》藉由故事中的人物背景和遭遇，以及芭比透過法國料理為村民帶來的味覺與心靈覺醒，清楚的表達出這部電影的觀點和立場，透過飲食的壓抑與解放，完全投射出了兩種不同的宗教觀與生活思維。二十一世紀觀之，雖然我不是天主教徒，但基本命題還是不變的，不管追隨哪一種信仰，最終還是要回到人（自己）身上，只有身心靈平衡了，才有能力善待他人，並榮耀你的神。

濃情巧克力：北風帶來的魔法巧克力

抑鬱的婦人，
從轉動中的圓盤看見了中年女人騎著一匹馬，
薇安便拿出了「胡椒三角巧克力」給她，
這是一味濃烈又大膽的巧克力，
並且再給了一袋「魔法可可」給她老公。
奇妙的是，
這兩款巧克力竟然為原本已經乾枯的婚姻，
帶來了甜美又激情的滋潤。

瑪雅文明中，有一項影響至今且非常迷人的食物，就是巧克力。最早的記錄中，瑪雅人將可可豆磨碎後加水煮，並加入辣椒、肉桂等香料，調和蜂蜜飲用，非常受到喜愛，就連後來的侵略者西班牙人也深受影響，將巧克力帶入歐洲，還曾經成為貴婦間的流行飲品，並且引發了宗教論戰。

《濃情巧克力》（Chocolate）引用了這段歷史背景，創造了浪漫又衝突的電影故事，女主角薇安（茱麗葉．畢諾許飾）帶著女兒阿努克，在北風（瑪雅傳說中代表啟發、知識與溝通的力量）神秘的指引下，來到一個保守的天主教小鎮，這個故事所暗示的戲劇性，就如同電影開場她們到來的那一幕：母女倆在寒風中披著紅色大斗篷，走進灰濛濛又寧靜的小鎮，這鮮明又強烈的對比，如同直接的破題。

一九五九年，在這個靜謐的小鎮，他們相信能維持表面的寧靜就是美，就是信仰堅定的表現，鎮民服從於鎮長所創造的集體意識，每個人都極力滿足他人的期待，並壓抑個人的感受，尤其在神聖的四旬齋期，禁慾與節制更是絕對的必要。但薇安這個神秘女人，竟然就這麼不受控制的闖了進來，她未婚生子，她不上教堂，她竟然在四旬齋期間還要開一家巧克力店。

巧克力到底能不能在大齋戒期飲用？這個爭議曾經在宗教界擺盪了數百年之久。雖然現今我們都能接受巧克力的普遍性與甜美，以及愛的象徵，甚至在醫學上也已證明巧克力的可可鹼與色氨酸，具有良好的身心療效，不只對心血管好，也能安撫情緒，刺激血清素的生成。

但是這項美食，也因它的高營養價值和對情緒的激勵效果，而受到爭議，因為保守派衛道人士認為齋戒期連奶、肉、辛香料都不該碰，怎麼能吃這麼營養美味又會讓人上癮的飲料，再加上巧克力在很早期就被證實具有催情效果，食與性都是對禁慾的最大挑戰。十七世紀時這爭議越發激烈，甚至不同意見的人，還寫文章或專書為各自的理念辯護。

在《濃情巧克力》電影中，故事的進展就是靠著這慾望兩端的角力來轉動，一方是保守派代表的雷諾鎮長，他看似自律嚴謹，並且捍衛教會的戒律，但卻有一個難堪的秘密，就是他的老婆跑了；另一方的象徵就是薇安，這個熱情又自由的女人，帶著母親傳給她的神秘配方，在小鎮開了一家瑪雅巧克力店，但生命隨著北風引導而四處流浪的她，心底卻有一股想要安定的渴望。他們的巧克力大戰，何嘗不是引導著我們去思考人性的選擇，與信仰最終要帶給人們的啟發。

在薇安的巧克力店裡，發生了許多故事，每一個人的境遇與轉折，都像是一則寓言與啟示。對於第一次到店裡的客人，一開始她總會拿一個小圓盤，要人們看著轉動中的圓盤說出直覺的圖像，就像神秘的占卜般，總能看出你內心的渴望與匱乏，然後薇安就會找出最適合的巧克力口味來療癒你。

例如：

・抑鬱的婦人從轉動中的圓盤看見了中年女人騎著一匹馬，薇安便拿出了「胡椒三角巧克力」給她，這是一味濃烈又大膽的巧克力，並且再給了她一袋「魔法可可」給她老公。奇妙的是，這兩款巧克力竟然讓原本已經乾枯的婚姻，帶來了甜美又激情的滋潤。

・小男孩看見了露出牙齒的血骷髏，於是薇安給了他一款「苦巧克力」。

・飽受家暴的女人約瑟芬，薇安則幫她選擇了「玫瑰奶油巧克力」，這是一款摻了橘味白酒的滋味，幫助她找回愛自己的力量。

・薇安的房東阿曼黛，古怪又脾氣不好的老太太，薇安為她煮了一杯加了辣椒的熱巧克力，她才喝一口，堅固的偽裝就立刻卸了下來。

・壓抑愛情又守喪了十幾年的婦人，薇安則建議她嚐嚐充滿愛意的貝殼巧克力。

以上這些關於巧克力的神奇功效，不只是誘人的美味，更是心靈的療癒，若一項項去查相關食材資料，都能找到有趣的科學線索來印證這神秘的魔法。

薇安運用的這些巧克力知識與方法，都來自母親的傳授。

薇安的父親是年輕的法國藥劑師，因為不想一輩子只是在藥局幫人調配單調的處方，因此自願到中美洲參加遠征軍，在一次的機會中認識了神秘的女人琪薩，並且喝了琪薩為他調製的辣椒熱巧克力後，非常驚艷這美味的飲料外，也與琪薩陷入熱戀，最後藥劑師帶著琪薩回到法國，兩人結了婚，生下女兒薇安。

但突然有一天琪薩竟然帶著薇安不告而別，離開了巴黎。因為北風又來了，告訴她該去另一個需要她的地方了。

琪薩所調製的熱巧克力，就是瑪雅巧克力的配方，瑪雅人相信可可能釋放人們心中隱藏的渴望，並透露出他們的命運。而薇安也跟上了母親的步伐，接受了北風的引導，帶著女兒阿努克流浪。

薇安的瑪雅信仰與雷諾鎮長強勢保守的天主教信仰是衝突的，薇安就像溫暖的巧克力，要療癒每個人心中的缺口，幫助人們找到自己愛的力量。而鎮長則是透過戒律與服從，創造出一種集體的控制與秩序。

電影中，受暴婦人約瑟芬與她老公塞吉就成了最具體的代表，薇安幫助約瑟芬自立，收容她並教她製作巧克力的技巧，約瑟芬找回自信，越來越美麗。而雷諾鎮長則是企圖以他的高壓方式，改造有暴力傾向的塞吉，希望透過外在的約束來讓他成為一名紳士，例如開始學習如何優雅的用餐，如何穿上西裝等等。

結果當然是：巧克力／愛戰勝了一切。

這部內容有趣又賣座的電影中，還有兩個人物必須要提，一個當然就是為薇安帶來愛情的勞克斯，這個由強尼．戴普飾演的水上老鼠（以船為家的流浪船隊），他和船隊進到這強調秩序的小鎮，立刻就被貼上了邪惡與敗類的象徵，渾身帶著可怕的疾病和犯罪的慾望，就算有人想跟船隊交換物品，鎮長也會灌輸大家：他們是魔鬼，就如同薇安一樣。

遭受排擠的勞克斯在面對薇安的善意時，有一段對話非常有趣，他質疑：「妳為什麼不怕我們，是想來解救我們嗎？妳是天主教徒、法國家庭聯盟，還是共產黨工人？」這對白透露了電影作者的意識型態，相當諷刺。

薇安與勞克斯的戀情，彷彿是這部故事中的經典款瑪雅巧克力，又辣又苦又熱情，歷經苦難，最後才能體會那股香醇。

而另一個人物，則是剛來鎮上的年輕神父，神父敦厚且良善，但他卻一直被強勢的鎮長所壓制，甚至被強迫說出：「撒旦有時是甜食的製造者，還有什麼比巧克力更無害更無邪。」但他很清楚從鎮民的告解中，理解到人們因為巧克力的滋養而變得快樂，有了彼此的包容與幸福。可惜他卻始終沒有辦法表達自己心中對於教義真正的理解，一直到最後，鎮長終於被他自己的慾望壓垮時，神父才有機會正式在佈教時說出他心底的聲音。

這段話在電影中很重要：「我今天不想談耶穌的神性，我想談耶穌的人性，他在人間的生活，他的仁慈寬容，我們不應該以不知道的事來評斷善惡的標準，不應該否定自己、抗拒一切，或排除異己，我們應該學習創造，並接納異己……」這也是這部片的電影作者相信的價值吧！

故事最終不是薇安贏得了勝利，而是那杯瑪雅巧克力所象徵的價值贏了。瑪雅的巧克力女神 Ixcaca 不僅僅是掌管巧克力的女神，還是掌管愛與快樂的女神，她守護著努力的人們獲得土地的豐收，也是神性與人性完美結合的象徵。她帶給人們如此美好的可可果調製成的巧克力，就是要教導人們「愛」，無私的付出與打破階級、接納異己的愛，這部電影也是想這麼說吧。

美味不設限：印度咖哩與法國料理的階級對抗

一九二六年「米其林指南」開始派出評鑑員到各個餐廳試吃，
並且以一到三顆星的方式給予評鑑，
評鑑員總會喬裝成一般民眾，四處暗訪建立起米其林的評鑑地位。
獲得一星的餐廳表示在同類餐廳中表現相當好；
二顆星則代表廚藝高明，值得大家繞道前往；
三顆星則是最高星級，你應該專程前往品嚐。

「The Hundred-Foot Journey」，一百步的旅程可以走出什麼樣的風景？可以遇見什麼樣的驚喜？可以創造什麼樣的衝突？

改編自二〇一〇年美國作家 Richard C. Morais 的同名小說，《美味不設限》

（The Hundred-Foot Journey）就在這百步之間拉出了商業電影故事必備的戲劇對立擂台，當熱情的印度咖哩遇上精緻的法國料理，誰會贏？天才男主角該選擇家鄉的滋味還是料理桂冠的成就？

這部由好萊塢教父史蒂芬·史匹柏監製的美食電影，有著設計得很工整的好萊塢類型敘事，如果想要認識這類對立敘事的技巧，倒是可以參考，再加上片中美食、親情、愛情、勵志樣樣都有，是很討好大眾化的電影口味，但為了讓各類元素都具足，因此在劇情需要轉彎時，常常都是直接了當，而缺少了細節……，所以觀眾也不要問太多為什麼了。

對立與差異

1. 一大家族力量對抗一個單身女人

故事的主角，一方是從印度移居法國的卡丹一家人，另一方是米其林一星垂柳餐廳的女老闆麥洛伊。男主角哈山一家人在印度就是經營餐廳，但在一次群眾暴力中，不只家園毀於一旦，母親也喪命火窟。哈山的母親是他料理的啟蒙老師，教他認識各種味道，總是不斷的提醒兒子要用五感、用心去感受食物。母親說：「當廚師，一定要殺生，廚師會製造鬼魂，每個食物都有它的靈魂，你品嚐得出來嗎？」

哈山一家人遇難後，舉家前往歐洲，最後落腳在法國南部的聖安托南，為什麼是聖安托南？因為這山城太美了，而且車拋錨了！故事非得如此，這樣他們才能在這美麗的小鎮，遇見美麗單身的未來勁敵麥洛伊女士。所以一切都是命運的安排，多麼巧妙呀！（編劇必殺技）

表面上這一家人好不熱鬧，做事隨性又瘋狂，相較於麥洛伊女士的法式優雅與冷靜，形成強烈對比。但優雅底層，卻是為了趕走這一家印度人，用盡心機，而看似粗俗的印度爸爸則是用蠻力與毅力帶領全家與之對抗。

2. 喧鬧的印度美食挑戰優雅高檔的法式料理

兩家餐廳相聚一百呎，印度餐廳總是放送熱情的印度音樂，洋溢著濃濃的印度風情，而米其林一星的垂柳餐廳則是以安靜輕柔的古典樂，強調法式料理的技藝。

在印度餐廳用餐，食客可以大啖美食，暢懷分享，在垂柳餐廳則是注重用餐禮儀，「吃」同時也是一場社交儀式。

3. 印度香料PK法式五醬汁

印度料理首重香料，每一個廚師都有他的私藏香料盒，五顏六色的各式小盒子藏的都是印度料理的秘密與精髓，我們經常看到廚師這麼捻一點、摻一些，就完成了美妙的咖哩醬，像是畫家在調色盤上對顏色的自信一般。

但在法國料理中，最基礎的就是五種醬汁，要評價一個廚師的功力，第一個就是嚐嚐他做的醬汁。法式五醬分別是：貝夏梅醬（Béchamel）、天鵝絨醬（Velouté）、番茄醬汁（Tomato sauce）、西班牙醬汁（Espagnole）、荷蘭醬（Hollandaise），基本的法式料理，就要懂得善用這五種醬汁來搭配不同的食物。

4. 土男孩遇上時尚女

來自印度的哈山，雖然有廚藝天份，但就像顆尚未被開發的寶石，還裹著黃土，但美麗的瑪格麗特卻已經是副主廚，閃爍耀人，她在電影開始沒多久就搭救了半路拋錨的這一家人，但怎麼也沒想到未來他們將成為競爭對手。不只如此，這個曾經連米其林是什麼都不知道的土男孩，未來竟然還會超越她成為主廚。

5. 新住民困境與在地優勢

這部電影中，揭開表層的兩國食物特色，再往下探不可忽略的就是印度與法國的文化差異，電影中法式代表一方不時展現出文化優越與階級歧視，而印度一方則是努力想融入，卻處處受打壓，這是新住民與在地群體間常見的衝突。

兩者的文化特色，成為電影故事中的美麗裝飾與效果，增添了不少趣味，但對於嚴肅的階級與歧視問題，只能重重提起（戲劇衝突需要），輕輕放下（現實太殘酷，商業電影需要轉入甜美的結局）。

轉折與融合

這個充滿對立衝突設計的故事，該如何轉折？並朝向皆大歡喜的大結局？關鍵點就是「米其林」，為了得到米其林的榮耀，一切都可以放下，一切都可以超越，敵人也可以變朋友，甚至愛人。

麥洛伊女士會轉變，是因為看見了男主角哈山的天才廚藝，而賞識他、重用他，甚至願意教導他學習法國料理，當然也希望為她的餐廳晉升到米其林二星而努力。面對這樣的轉變，我忍不住的想，作者想表達的到底是藝術（料理）可以超越文化差異，還是再多的爭議最終都會向個人慾望屈服？

在餐飲界常被提起的「米其林指南」誕生於一九〇〇年的巴黎萬國博覽會，當時米其林公司（就是賣輪胎那一家）的創辦人米其林兄弟，十分看好汽車旅行的商機，心想汽車旅行愈風行，他們的米其林輪胎也能賣得越好，因此他們嘗試將地圖結合加油站、維修廠、旅館、餐廳等訊息，出版了米其林指南。一九二六年「米其林指南」開始派出評鑑員到各個餐廳試吃，並且以一到三顆星的方式給予評鑑，評鑑員總會喬裝成一般民眾，四處暗訪（應該是最早的秘密客吧），慢慢地建立起米其林的評鑑地位。獲得一星的餐廳表示在同類餐廳中表現相當好；二顆星則代表廚藝高明，值得大家繞道前往；三顆星則是最高星級，你應該專程前往品嚐。

時至今日，米其林的星星，已經成為法國廚藝的神級指標，若能得到米其林三星主廚的榮耀，那真是廚藝界的大師。

在《美味不設限》中，最後所有人都把焦點轉向米其林，為之努力、為之瘋狂。哈山不斷地精進法國料理，不只為麥洛伊女士的垂柳餐廳拿到了米其林二星，自己也被更高級的餐廳網羅，進入大城市的頂級餐廳掌廚，嘗試更創新的分子料理，眾人皆期待他奪得三星榮耀。

我對分子料理和過度精緻的料理一直不太感興趣，因此在現代前衛的頂級餐廳裡，華麗的視覺效果，食材像是藝術品般的被雕琢，再加以精緻的擺盤設計，反而都引不起我的期待，我想我可能還是喜歡印度料理的熱情與家人的溫度，所以心裡一直等待著哈山回頭，重拾母親傳承給他的家鄉印度香料。

還好，他還是回家了。

電影要好看（故事），好美味（美食），好營養（文化內涵）是不容易，短短的一百二十分鐘，難免要面對取悅觀眾，或強化藝術表現，或凸顯創作理念的取捨問題。所以電影故事也像是一道料理，出手時必須想清楚鎖定的顧客群，思考如何表現內容特色，加以細膩的料理手法，最後終以內涵和餘韻定勝負。

2・美食裡的寂寞慾望

美味情書：便當盒裡的愛情渴望

多謝你送回空便當盒，那些菜是我為我先生做的。
當便當盒空著回來，我以為他會有所表示，
我還以為我經由胃抓住了他的心。
為了回報這錯覺，所以我做了咖哩燴起司，
這是我先生最愛的。

——伊拉

搭上錯誤的火車能抵達對的站嗎？
沒見過面，能真心愛上彼此嗎？
吃下我煮的食物，你能讀出我的心思嗎？

我的年齡是妳愛情到不了的距離嗎？

電影《美味情書》（The Lunchbox）也是我看過一次，就忘不了的故事。這樣深刻的故事，通常人物不會太複雜，但難題設計要有創意，難忘是因為挖得深，碰觸到了心底，才會留下記憶。

這部電影是印度導演 Ritesh Batra 的第一部劇情長片，故事背景發生在孟買，女主角伊拉因與丈夫拉吉的關係變得冷淡，便想藉由提升廚藝來拉回婚姻的溫度，她開始向樓上的阿姨學料理，每天為老公做午餐便當。

「伊拉，香料都加了嗎？」阿姨從樓上大喊著。

「沒有，我好像還漏了一些……」伊拉心虛的回答。

「我在樓上就聞到了。」於是阿姨從陽台垂降一個籃子下來，裡面有一罐香料。

「加一點點就好，這個新食譜會讓妳如願以償……，拉吉他吃一口後，就會為妳蓋泰姬瑪哈陵。」

「阿姨，泰姬瑪哈陵是墳墓耶！」

……

這段生活化的開場，不只從料理破題，也讓我們看見了孟買在地的庶民生活樣貌。包括這些妻子為丈夫打點好的便當，還得透過孟買最特別的送便當人「達巴瓦拉」（Dabbawala）接力運送，才能在午餐時間前順利交到工作中的丈夫手上。在印度語中，Dabba 是便當盒，而 Dabbawala 就是送午餐便當的人，目前孟買大約有五千位達巴瓦拉，每天靠著火車、腳踏車、板車和兩隻雙腳，完成近二十萬份的便當運送工作，這個職業已經有一二〇年以上的歷史，而且號稱不會出錯。

哈佛大學的研究人員曾到實地進行調查，沒想到竟然發現達巴瓦拉的準確率高達百分之九九點九九，也就是運送六百萬個便當，只可能有一個出錯。

電影《美味情書》便是建立在這六百萬分之一的機會上，如果便當送錯了！如果要挽救婚姻的愛心便當，送到了一個陌生男人手中，又會發生什麼插曲呢？

男女主角的接觸就是從一個送錯的便當拉開序幕，男主角不是伊拉的先生拉

吉，而是在另一家公司的佛南德斯。再過一個月，佛南德斯將從工作了三十五年的公司退休，而他的太太已經因病過世多年，他一個人獨居，平日吃的午餐都是跟便當公司訂的便當。這一天他收到了一個外觀和平常訂的便當很像的餐盒，但卻比過去更美味，他不疑有它，便開心的吃光了。

另一頭的伊拉，等到晚上先生回來，卻沒有提起任何關於便當的事，讓她很沮喪，試探問了一下，才發現先生說的午餐菜色根本不是她做的。

隔天，伊拉在便當裡放了一張便條紙：

「多謝你送回空便當盒，那些菜是我為我先生做的。當便當盒空著回來，我以為他會有所表示，我還以為我經由胃抓住了他的心。為了回報這錯覺，所以我做了咖哩燴起司，這是我先生最愛的。——伊拉」

再次收到伊拉的便當，佛南德斯打開餐盒後，看到了便條紙才恍然大悟，原來昨天自己吃到的便當是送錯的。但時間到了總要吃飯，於是今天就繼續將錯就錯。但這天回收便當盒時，他也寫了一張小紙條作為回應：

「親愛的伊拉，今天的菜很鹹。」

菜很鹹！

看到紙條的伊拉，簡直氣炸了，她向樓上的阿姨抱怨這沒禮貌的男人，阿姨建議要懲罰他，因此她們倆決定要在明天的便當菜裡動一點手腳！

果真，隔日佛南德斯開心的吃下一口便當菜後，當場被辣到無法下嚥。最後只好到工廠外買兩條香蕉裹腹，而午餐時間的工廠外，其實還有很多沒有錢吃便當的人，也都聚集在外面吃香蕉。工廠外以香蕉充飢的工人，也是孟買的另一景觀。

伊拉與佛南德斯，不打不相識，就這麼開展了一段便當情緣。

他們彼此分享著心事，像是以前的筆友通信，雖然不認識也沒見過面，但或許就因為這份陌生，反而讓兩人都卸下了心防，心底的孤單終於有了出口，與多了傾聽的對象。

關於孤單：

伊拉告訴佛南德斯，自己的先生很忙，回家老盯著電話，就像樓上阿姨中風的先生一樣，老盯著天花板上的吊扇……。

佛南德斯告訴伊拉，世界人口太多，自己每天搭火車上班都已經沒有位子了。之前太太去世時，葬在普通的墓地，現在也想幫自己買一個墓地，沒想到只剩下豎立的位置了，我這輩子都是站著搭公車火車，沒想到連死了也得站著！……

早上城裡有一對母女跳樓自殺：

佛南德斯好擔心是不快樂的伊拉帶著女兒做了傻事，直到中午又看見便當送來，才終於鬆了一口氣。

伊拉分享，她的弟弟因為考試考不好自殺，大家都只會說，他應該要勇敢一點！……那個自殺的女人爬到頂樓的路一定很煎熬，選擇跳樓也是需要勇氣的。

隨著時間一天一天過，兩人透過便當傳送來互吐心事，逐漸成為他們倆一天中最重要的期待。

面對愛人：

佛南德斯分享，晚上經常會播放以前太太最愛的錄影帶，幾小時就這麼放著……。以前太太看電視時，他幾乎都在外面修電視或抽菸，偶爾回頭看，愛人的笑臉就投映在電視螢幕上，同樣的笑話一次又一次聽，她笑得好開心，彷彿每次都是第一次聽到，「真希望我當時一直回頭看呀。」

而伊拉的先生依舊對她很冷淡，甚至還會經常留在公司加班，最後她終於發現先生有外遇，「我很想攤牌，但我沒有勇氣，我能去哪裡呢？……是有一個地方，我女兒在學校學到的，一個幸福的城市，不丹。」

佛南德斯猶豫再三，終於鼓起勇氣回信：「要是我跟你去不丹呢？」

伊拉看了回信，心裡按耐不住，她提出了邀請，希望能與佛南德斯見面，佛南德斯何嘗不想見伊人，於是兩人相約在咖啡廳。

但伊拉沒想到盼呀盼的到了這期待的日子，佛南德斯竟然失約了，她枯等了一下午。

隔天，佛南德斯收到了一個空的便當盒，一粒飯都沒有。佛南德斯當然明白這空盒裝的是伊拉的傷心。其實他是想赴約的，當天他一早起床就特別打理了自己，懷抱著期待又忐忑的心情，換上乾淨的新衣服，搭上火車。直到在火車上，佛南德斯遇到一位年輕人喊了他一句「老伯！」，並起身要讓位給他，這句話像一記大錘頓時敲醒了沉浸在愛情裡的他……。

佛南德斯寫了一封短信給伊拉：

親愛的伊拉：

今天收到便當盒，裡面是空的，是我活該。昨天妳在餐廳裡等我，我知道妳等了很久，但昨天早上，我有東西忘在浴室，我又進去拿，浴室的味道，跟以前我爺爺洗完澡後一模一樣，就好像我爺爺來過，但是他沒有，那是我。是我和一個老頭的味道。

我不知道何時變老了，或許是昨天早上，或許是以前以前很多個早上前。以前有東西忘記帶，我會更快發現……，生命不斷前進，用動作哄騙我，他將我左搖右晃，害我前後踉蹌，結果不知不覺中……。沒有人會買過期彩券。

我在妳等我時去了餐廳，妳坐在那裡，擺弄著皮包，喝了一堆水。我想過去跟妳親口說出這番話，但只是靜靜地看著妳，妳看起來真美。

妳還年輕，可以做夢，而且妳讓我短暫進入美夢中，我想為此謝謝妳。

這部電影故事，男女主角始終沒正式見上面，甚至也沒有同時存在一顆鏡頭裡，但整部片卻透過料理便當與吃便當的來回旅程，洋溢著濃濃的愛情氛圍，就像美食上桌，雖然還沒入口，嗅覺早已先一步品嚐了這滋味。

愛情告白至此，兩人到底要不要選擇在一起？伊拉是否要像傳統女性一般隱忍先生外遇的事實，孤單的守候在家；佛南德斯是否只能默默地接受孤老的到來，他還能擁有愛情嗎？

看似一個簡單的愛情故事，卻是處處夾帶著印度社會的各式問題，其中還有一位重要配角阿思朗謝克，他是一個又黑又矮其貌不揚的年輕人，未來將接替佛南德斯退休後的工作。謝克是一個孤兒，對外表現擅言詞又積極主動，但卻一直被佛南德斯刁難，他用盡各種方法希望得到佛南德斯的肯定。好不容易兩人成了好友後，這才發現謝克根本是個騙子，他的學歷造假，他的能力有問題，但這也是一無所有的他，在印度社會裡唯一能往上爬的方法。

謝克不願臣服於外在現實環境的殘酷，他積極的對抗，並不斷給自己鑽營各種機會，謝克的努力顯然給了佛南德斯刺激，為什麼我們只能接受命運的安排？相較於謝克面臨的困境與反抗，和伊拉的勇敢，佛南德斯的退縮更顯懦弱。

失去了，才知道要珍惜。失去了，才知道是真愛。

伊拉與佛南德斯因為送便當人 Dabbawala 六百萬分之一的失誤，才有機會透過便當在心靈上相遇，卻因為害怕面對現實而一度放棄。在影片最後，他們是否能跟著 Dabbawala 的便當路徑，在現實中找到彼此？

《美味情書》在便當裡所傳送的不只是孤單，也不只有對愛情的渴望，細節裡更隱藏著在印度社會裡，個人想擺脫世俗命運的控制與桎梏吧！敢不敢為自己的未來放手一搏呢！

美味不孤單：當型男主廚遇上厭食美女

她擔心自己不夠完美，身材不好，
因而採取激烈的飲食控制，結果罹患厭食症，
她的情緒經常處於極端沮喪與暴躁之間，
但在極度壓抑禁食之後，又會出現暴食狀況，
可能突然把一箱子的零食、洋芋片吃完，然後狂吐，
甚至在性方面產生了難以控制的渴望。

《美味不孤單》（Delicious）的電影宣傳直接了當的告訴你，這是一部法國型男主廚遇上厭食症美女的療癒電影。到底吸引我們看電影的動機是型男與美女？還是法式料理與厭食症？

說穿了，型男與美女當然是談「性與愛」，美食對上厭食症則是開了另一戰場「料理精神與自我認同」，這應是這部電影的兩大核心。關於食與性，在心理學與醫學上，又可以歸納為同一／相關的議題，因此電影主題並無違和感，反倒女主角的厭食症狀，和對性充滿渴望的矛盾，應該很適合作為厭食症等相關課堂主題討論的電影。

對食物的偏好與飲食方式，能夠反映出人們內心慾望的狀態，這類研究近代相當熱門，也得到普遍的認同。除了一般熟悉的甜食能為沮喪者帶來快樂與愉悅感，提升情緒上的滿足外；還有心理醫師透過臨床研究，發現人在極大壓力下，會特別想吃香脆鹹食，例如洋芋片或各式炸物，那是因為腎上腺素分泌的關係；而嗜吃肉食的人通常脾氣容易暴躁；需要安慰的人對於蛋糕、冰淇淋特別渴望；性欲不滿足會特別想狂吃麵包；缺乏安全感時，特別會在吃歐式自助餐時，把食物堆得特別高、特別滿等等。

甚至還有醫師針對刻意節食者的心理與行為做研究，發現他們的情緒容易陷入低潮，較容易出現負面情緒，並且較難感受到性的滿足，甚至會有極端的性需求出現。這類人大多具有性格上過度追求完美和與眾不同的傾向，不只容易自卑，也同時具有缺乏安全感和依賴性強等人格特質。

上述的症狀正好與《美味不孤單》中的女主角史黛拉處境完全相同，她因為擔心自己不夠完美，身材不好，很在意別人怎麼看待她，因而採取激烈的飲食控制，結果罹患厭食症，她的情緒經常處於極端沮喪與暴躁之間，但在極度壓抑禁食之後，又會出現暴食狀況，可能突然把一箱子的零食、洋芋片吃完，然後狂吐，甚至在性方面產生了難以控制的渴望。

以厭食症女性做為電影主角，其實也冒著不小的風險，因為厭食症病人發病時，她的狀態一點都不優美，美女也會現出醜態，再好的食物也難以產生誘惑，所以這時候只能靠著男主角提著「愛情」的特效藥前來拯救。

男主角雅各是來自法國的高帥型男廚師，他的身世坎坷，母親是知名廚師，未婚生下他後，竟然在他六歲時就去世了，因此他是被養父母養大的。雅各從小對料理特別有興趣，年輕時想去參加料理課程，養父母卻連一把料理刀都不買給他，因此他年紀輕輕便犯了偷竊罪入獄……。在電影中，他一個人背著行囊到英國，一方面是希望人生重新開始，另一方面也希望能找到自己的親生父親，他相信父親肯定也是個非常厲害的廚師。

但雅各怎麼都沒料想到，剛到英國竟然就遇到搶劫，這把他的落魄無助推到了極點。還好天無絕人之路，幸好之前曾經應徵過（但被拒絕）的餐廳主廚願意收留他。這樣的開場，其實是電影故事常用的手法，例如另外一部跟美食／餐廳有關的阿根廷電影《美味人生》（Herencia），則是德國青年為了尋找舊情人，背個包包獨自來到阿根廷，結果也是在小旅館遇到小偷，把他偷得身無分文，最後只好到他之前經過的餐館尋求協助，自願留在那裡打工，而餐館女主人則有著與他類似的故事，她在年輕時也是為了尋愛而隻身來到阿根廷。

落魄、遇難、孤獨，向來是電影故事裡常見的主角設定。

《美味不孤單》中的男女主角有著同是天涯淪落人的處境，還好男主角的好廚藝成了故事裡的一扇窗，他輕易出手便能做出美味的料理，不但讓他在英國找到工作，也有機會幫助女主角脫離身心的折磨。可惜的是，他太過急於讓史黛拉嚐到頂尖的法國料理，希望透過美食重新打開她的味覺感受，療癒她的心靈，竟然動歪腦筋去偷餐廳裡的食材，包括高級松露、頂級牛肉等，結果當場被主廚抓個正著，又把自己陷入了困境。

但他仍相信可以靠著他的手藝來拯救史黛拉，因此雅各還是決定要做出一套美味料理，挑戰厭食症。

史黛拉的厭食症狀裡，有另一個麻煩就是出現對性的強烈渴求，像動物性一般，是控制不了的飢渴又瘋狂，彷彿把對食物的壓抑全部都灌注到性的渴望裡。因此她在第一次與雅各單獨相處時，竟然就一個飛撲想要與他發生關係，但期待著愛情的雅各卻不願趁人之危，他知道史黛拉有病，他不能在這種情況下與她發生關係。因此更加強烈的希望能夠透過他的法式料理來幫助她，脫離厭食症的折磨。

兩人的對話裡有一段相當精彩：

「美食可以讓妳體會到世界上很可貴的東西，一個無法享受美食的人，其實也無法享受性愛，因為她不懂真正的歡愉。」雅各認真的告訴史黛拉，但她卻強烈反駁，心虛的強調著自己可以享受性愛，並且可以有高潮。

雅各繼續開戰，「量多不代表品質好，妳因為怕胖，怕不美，怕不為人所愛，所以一直節食，妳只是在討好別人，妳裝腔作勢假裝高潮，其實妳根本無法體會真正的高潮！」

對於性與愛，他們激烈且赤裸的辯論著。

這部電影看完之後，我第一個反應是導演肯定很想讓觀眾認識厭食症病人的痛苦，電影中對史黛拉的狀況描述，對照臨床醫療上，針對厭食症症狀的整理，幾乎沒有遺漏。果真，在一篇導演的訪談中，她表示自己身邊有許多朋友受厭食症的影響（好發於女性，尤其是芭蕾舞者、演員、運動選手、模特兒等，因工作關係必須保持苗條、嚴格控制飲食的人，都是高危險群。而生活、家庭、課業壓力過大導致情緒低落，長期下來也會引發厭食症），因此她希望透過這部電影，能幫助更多人珍惜自己，接納自己，尤其是女性，千萬不要落入厭食症的漩渦中。

但電影畢竟是一個兩小時內的故事，必須要設計結局，為主角尋找出口。因此男主角雅各還是使出絕活為史黛拉做出了一桌美味法式料理，並且軟硬兼施的強迫她吃下。幾次食物入口後，史黛拉幾乎第一時間就產生了驚喜與愉悅的反應，尤其吃到沾著巧克力醬的大草莓，更是歡喜。

可惜雅各一廂情願的短暫治療，還是無法真的幫到厭食症病人，當他再度看到史黛拉狼狽的趴在馬桶邊催吐時，也感到心灰意冷。

到底該如何幫助被厭食症折磨的史黛拉脫離惡性循環呢？

答案在前面的段落裡已經公佈，就是「愛情」。

失去才懂得珍惜！真是至理名言。就在生活、工作、愛情都陷入困境的雅各選擇放棄倫敦，決定重新踏上旅程回到法國後，沮喪的史黛拉在一位經歷喪偶的鄰居老婦人提醒下，才深深體會到「人生最可貴的兩件事，就是愛情與一頓熱騰騰的晚餐！」而這正是雅各傾盡全力要給她的東西，失去了難再得。

因此《美味不孤單》再度上演常見的愛情電影片尾大戲：愛的追逐！愛人遠走，是否來得及追到車站挽留他呢？

雖然這不是一部讓你看了食慾大開的電影，但藉此認識厭食症，並想想自己對食物與性的控制和潛藏的慾望，倒也是一種刺激。

刑男大主廚：美食、性與權力的角力擂台

在這肉慾橫流的年代，
巴西社會就像是個「人肉絞碎機」，
貧富差距極為離譜，
尤其對平民和窮人而言更是如此。
導演認為這部電影是一道口味突出的大膽菜餚，
有時苦甜參半，有時芳香開胃，
但最後留在你口中的，是一抹苦澀。

《刑男大主廚》是二〇〇七年巴西的年度票房冠軍電影，乍看這中文片名時，一時眼花，誤以為又來一部帥廚師與美女的競賽故事，但再多看一眼就發現蹊蹺了，

英文片名：STOMACH，和葡萄牙文原片名：Estomago，指的都是「胃」。這麼直接地以「胃」當作片名，讓我相當好奇。

食物／美食引人垂涎，但胃這個器官囊袋雖能消化美食，卻不是一個充滿魅力的詞彙，當作電影片名顯然藏有弦外之音。直到看完電影後，正在學習中醫的我，真是讚歎這片名直指核心，中醫看人體的胃經是個相當強大的生命維繫系統，掌管著人生中的「食」、「色」大小事，我曾與中醫老師開過玩笑，未來如果要寫一本關於胃經的書，書名要取為「食色性也」。這部取名為「胃」的電影，談的故事顯然是直指食物、性與權力的消化戰，彼此吞食。

故事的主角雷蒙度．諾南多，是個從鄉下進城的落魄男人，提著一只皮箱踏進城市，不說哪有落腳生存的地方，他連吃飯都成問題，因為身上沒有錢，就晃呀晃的來到一個小餐館，忍不住點了兩顆炸雞肉包裹腹。這個在巴西相當普遍的平民美食「炸雞肉包」，沒想到卻帶給他人生戲劇性的轉折（電影故事就是需要這樣的巧合與驚喜）。

打烊時，諾南多因沒錢付帳，就被老闆留下來幫忙打掃抵帳，沒去處的他正好有了棲身之處，也順便在餐館裡打工討生活，一邊學著做炸雞肉包和煎鹹派，竟也激發出諾南多的廚藝天份。

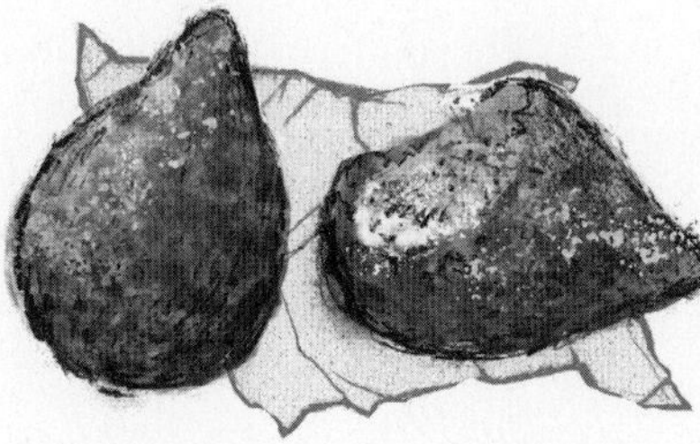

炸雞肉包（Coxinha）是巴西的庶民小吃，像水滴狀的香酥金黃色外型很討人喜歡。傳說中這道食物的起源，是因為巴西公主伊莎貝爾的兒子（有些智能問題）身居鄉村，他唯一的餐食喜好就是愛吃雞腿，有一天雞腿沒了，廚師就利用雞胸肉和麵糰做出了類似棒棒腿的炸物，結果不只小王子愛吃，還傳播到宮廷和民間，成為巴西的代表性食物之一。上網查詢這道食物，竟然也是里約奧運時，旅遊網上推薦的十大巴西必吃美食。

電影中諾南多不只吃了炸雞肉包裹腹，也學著做出比老闆更厲害更好吃的炸雞肉包，還因這出眾的手藝而結識了美麗的女主角伊莉雅。伊莉雅是個妓女，除了賺錢之外，她最喜歡做的事就是吃，諾南多讓她得到了美食的滿足，而她也慷慨的帶給諾南多性的滿足，甚至於愛的想像。食與性的曖昧不言可喻。

諾南多做的食物太誘人了，最後竟被一家高級餐館的老闆喬凡尼賞識，帶他晉升到了高級廚房。在新的餐廳裡，他學習的不再是平民食物，而是上流社會的義大利美食，喬凡尼不只教導他辨識葡萄酒的好壞，還帶他認識哥魯拱索拉（Gorgonzola）藍紋起司的美味，這個看起來發霉、吃起來有點牛奶酸腐味的玩意兒，沒想到竟是這麼神奇。喬凡尼當場展現了一手小功夫，把巴西另一種平民小甜點「羅密歐與茱麗葉」（白起司＋紅石榴甜糕）中的廉價白起司換成 Gorgonzola，再加上漂亮的擺盤後，頓時讓這道鄉村甜食升級成為高級甜點。

喬凡尼驕傲的說，「我是高級餐廳不可能賣廉價的『羅密歐與茱麗葉』，我現在叫它『我倆沒有明天』。」看到這段對話，我真是忍不住拍案叫絕，這兩部經典戲劇、電影故事突然被裹上了美食的喻意，反諷又荒謬。

喬凡尼又說：

「烹飪是一門藝術，就像繪畫和歌唱。」

「簡單的食物就像畢卡索的畫，簡單，但強烈。」

「廚房、食材、香料就是我們的顏料。」

這是諾南多沒有經驗過的異想世界，他聽得入迷，忍不住癡癡的笑了。

這部電影的敘事線，不只是諾南多的廚師之路，精彩的是電影從一開始就是雙線進行，交錯於前述諾南多學習廚藝的過程，還有另外一條故事線也在同步進行，就是諾南多在監獄的生活。進了監獄，廚藝精湛的諾南多，在大家不滿的吃著獄方送來的長蛆飯菜時，他竟向黑道大哥誇口：「只要給我迷迭香和黑胡椒，我就能做出好吃的食物！」這話讓他從牢房裡的鱉三，逐步成了紅人。

沒有人能抵抗美食的誘惑，哪怕你身在牢籠。

兩條故事線交叉進行，相當緊湊，一不小心就會遺漏了重要線索，這也讓我想起了伍迪．艾倫的《藍色茉莉》，真是好看。在《刑男大主廚》中，前後兩段人生歷程，諾南多都靠著烹飪出美味的食物，而交換到他渴望的性與權力。在A段歷程裡，一無所有的他得到了性的滿足，也啟動了對真愛的追求，甚至想向伊莉雅求婚；在B段歷程裡，這位迷迭香小子靠著厲害的廚藝，竟然也能在牢中烹調出美食，而讓自己交換到權力的晉升，讓生存條件從睡在角落，一路爬到下鋪、中鋪，最後也以一道老大愛吃的「燉豆子」讓自己睡到了上鋪，完全就是廚刀下權力台階的展現。

為什麼諾南多會被關進監獄？還沒看過電影的人應該很困惑吧！AB兩條故事線如何交會？

陽光下，美食、性愛、權力看起來是如此誘人飽滿，但在它們的暗黑影子裡，現實中卻是纏繞著貪婪、佔有與死亡。

是的，這個故事亦如是。

諾南多以為得到真愛，但導演卻讓我們看到女人在他陶醉於魚水之歡時，還是只顧著大口吃美食，觀眾都看到了真相，只有他沉醉。女人可以為了美食付出身體與諾南多交好，卻堅守著一道防線，不與他親吻。這點雖令人感到困惑，但只有他可以假裝不在乎。

直到有一晚，諾南多躲在廚房門後，親眼看見提拔他的老闆喬凡尼帶著伊莉雅大啖美食，喬凡尼甚至為伊莉雅做了那道「我倆沒有明天」的高級甜點，而那塊曾經也讓伊莉雅懷疑是發了霉的起司，卻在入口後帶給她極大的滿足，毫不拒絕的與老闆喬凡尼狂放的接吻。

這一幕看在諾南多的眼裡，憤怒與痛苦徹底爆發，他顫抖著喝掉老闆最愛的葡萄酒，被背叛的怒火讓他最後選擇回敬他最愛女人的方式，只能拿起廚刀做出他在廚房裡的最後一份料理……。

女人的屁股

1. 在電影一開始，小餐館老闆教他揉麵糰時，傳授他的秘訣是把麵糰想像成女人的屁股，諾南多二話不說的馬上點頭，他懂了。所以他的炸雞肉包和煎鹹派那麼好吃，最基礎的功夫就是麵糰要揉得起勁。

2. 在喬凡尼帶著諾南多上市場採買食材時，他們進了一家肉舖，喬凡尼經驗老到的告訴諾南多，「切肉要像外科醫師一樣那麼精準……你看，這塊牛柳多麼好，最棒的，就像女人的屁股一樣！」諾南多一臉不解：「所以牛柳是最好的牛屁股？」喬凡尼當時無奈地嘆了口氣，「我這是比喻！」當時諾南多或許真是糊塗，但他後來是真懂了。

導演馬可斯．喬治（Marcos Jorge）曾在受訪時表示，電影當中「肉」的比喻在整部片扮演了重要的角色，特別是在這肉慾橫流的年代，巴西社會就像是個「人肉絞碎機」，貧富差距極為離譜，尤其對平民和窮人而言更是如此。導演認為這部電影是一道口味突出的大膽菜餚，有時苦甜參半，有時芳香開胃，但最後留在你口中的，是一抹苦澀。

苦甜參半的大膽菜餚。好的故事也應該是這滋味吧！

就像在電影中諾南多狂喝的黑色雞尾酒，那是濃烈的蘭姆酒加上濃縮甜果汁後，還要再滴上四滴的安古斯圖拉汁（Angostura，又稱安古斯圖拉苦精）調配而成。諾南多沒辦法像獄中的獄友們豪邁地大口喝下蘭姆酒，那是象徵粗獷男人味的酒，但他是細膩的，他知道只要加入一些 Angostura 就會不一樣的，那是他能調配出的好滋味。

諾南多曾經以為努力的營造好滋味能讓他的人生更好，事實上每個人都只是貪婪粗暴的想吞下他們期待中的食物（慾望）而已。如同愛人不要愛只想要吃更多，還有最後的一場監獄大餐，對這些牢中哥兒們，他們不要諾南多精心準備的葡萄酒，只要啤酒，他們不要高級生牛肉拼盤，只要烤乳豬，這才是諾南多的現實人生。

最後，他都懂了。並以他的方式反擊。

《刑男大主廚》電影中，充滿太多食物、符號與象徵，一一反映著現實社會的階級衝突、慾望假象，若能慢慢品嚐，是一部很有趣的電影。美食就像憨厚的男主角，太容易引誘我們入口，但是美食背後的故事，卻是不爭的殘酷現實，同時也得嚥下。幸好導演是個好廚師。

歡迎光臨愛情餐廳：盡覽人生百態的現代浮世繪

一群人從四面八方來到恰庫拉餐廳，
每個人都懷抱著不同的期待與個人難題。
雖說是一場頂級晚宴，倒不如說是一場現代浮世繪，
盡覽人生百態。
至於餐桌上的華麗排場與名菜，
最後我只記得第一道迎賓酒，以蘆薈葉盛瑪格麗特酒，
還有最後一道，永遠沒有機會露臉的神秘甜點。

如果有一家米其林最高榮譽三星餐廳，一晚只招待三十名客人，訂位至少要提前一年以上，這家餐廳還曾五度獲英國專業美食雜誌《餐廳》（*Restaurant*）評為「世

界最棒的五十家餐廳」第一名，若是經濟條件許可，你會不會想跟你最愛的人去預約一年之後的頂級晚餐？

如果這一年內你和愛人分手了，還會為了美食而共同赴約嗎？

如果你的另一半是饕客，這是他鍾愛的餐廳，但他卻在一年之間去世了，你還會單獨前往嗎？

如果你追求的愛人，今晚要跟前夫在這裡小聚，你會不會拚了命也要擠進餐廳，在情敵面前示威？

《歡迎光臨愛情餐廳》（Testing Menu）描述的就是這樣一家位於巴塞隆納的米其林三星餐廳。當這餐廳的主廚瑪兒宣布，她累了想要休息，因此在餐廳營業的最後一晚，她將提供客人最驚喜的晚餐，然後就此歇業。如果你是這晚的三十位賓客之一，會不會排除萬難都要前往？

這個電影故事取材自西班牙名廚亞德里亞（Ferran Adria）的真實故事，他以分子料理出名，就是他開創出分子烹飪的前衛技術，甚至被封為歐洲的分子料理之父，他在西班牙布拉瓦海岸的鬥牛犬餐廳（El Bulli）就是電影故事的餐廳原型，餐廳只有五十個座位，一年只接待八千名客人，但排隊預約的人竟然超過兩百萬人。當這樣的傳奇餐廳突然宣布要結束營業，自然讓美食界相當震驚。

電影的改編將這名傳奇大廚改為女性，由西班牙的知名演員薇森塔．恩東葛（Vicenta N'Dongo）飾演，地點則改在巴塞隆納，名為「恰庫拉」。在電影故事裡，這最後一夜的客人名單，個個來頭不小，演員的背景也都是歐洲的實力派影星，這樣的背景，有傳奇、有美景、有美食、有實力派明星，真的不是平民等級，戲裡戲外都是故事。

恰庫拉餐廳的最後一夜，主要的客人有剛喪夫的伯爵夫人瑪蒂達，由英國影后菲奧娜拉．弗拉納根（Fionnula Flanagan）飾演，她在丈夫去世後，身體也日漸衰落，但一想到要來恰庫拉，突然整個人又來了精神，並且決定帶著丈夫的骨灰罈赴宴。

還有一對正在分居的帥哥美女夫妻檔，兒科醫師馬克與暢銷作家瑞秋，他們訂餐時還沉醉在美好的婚姻關係裡，一年後卻決定分居，因為彼此都太忙了，對於婚姻的期待也不同，這晚是否要相聚？對他們來說，都是既期待又怕受傷害。麻煩的是瑞秋的現任男友丹尼爾也追來了，正巧頂替了一位因為懷孕無法趕來的孕婦朋友的訂位。

此外，也來了兩名日本客人，上山功與高材義夫，這兩人都是想出價邀請大廚瑪兒到日本開業的商人，他們本應是競爭對手，但因為這晚一位難求，所以也只好狹路相逢湊合在一起共進晚餐。其中上山功一角是由伊川東吾（Togo Igawa）飾演，他是相當走紅於歐美影壇的日本實力派演員。在這組角色裡，還安插了一名非常聒噪的女翻譯米娜，她不會說日文，搞不清楚狀況，完全是誤打誤撞闖進這場盛宴。

最後還有一位重量級客人華特雷利，由史蒂芬·雷（Stephen Rea）飾演，他獨自一人來，不苟言笑，異常冷靜又沉默，點紅酒時卻又非常專業，還不時用手機講電話，實在太神秘難測，讓餐廳經理麥斯懷疑他是美食評論家而格外緊張，還特別吩咐服務生一定要盯好他，不能讓他有任何負評。

這樣的一群人從四面八方來到恰庫拉餐廳，每個人都懷抱著不同的期待與個人難題。雖說是一場頂級晚宴，倒不如說是一場現代浮世繪，盡覽人生百態。至於餐桌上的華麗排場與名菜，到最後我只記得第一道迎賓酒，以蘆薈葉盛瑪格麗特酒，還有最後一道，在那艘沉入海中的小船裡，永遠沒有機會露臉的神秘甜點。

整部電影過程中，引人入勝的不是精彩的分子料理（坦白說每一道都很美，但去除了食材原形與特色，我真的一樣都認不出來，當然也可能是這些料理不存在我的味覺記憶中，而無法辨認），有趣的是美食當下的人們，如何卸下心房去分享人生，並洩漏自己的慾望。

例如伯爵夫人瑪蒂達帶著老公的骨灰罈赴宴，她擁有看盡世事的練達雙眼，穿透馬克與瑞秋這對離異的夫妻再相聚時的愛意與防備，也看著其他客人的一舉一動，誰叫她老公這時只能窩在骨灰罈裡，處在餐桌一角動也不動，看似陪伴，卻終究只是瑪蒂達心上的牽掛，老太太在這趟美食饗宴中，所感受到的溫度、熱情，都是那缸子骨灰所沒法分享的。

最後經歷了瘋狂的一晚後，瑪蒂達把老公的骨灰灑向大海，是對自己與逝去愛人最大的解放。若這段劇情也可以視為一道佳餚，那應該是讓人難忘的甜點。不只為整套大餐收了尾，也留下了餐後的滿足與餘韻。

至於馬克與瑞秋，那肯定是這場晚宴的主菜，他們彼此還眷戀著對方，卻又對過往的傷害無法釋懷，在優雅與美麗的外表下，情感是波濤洶湧的大浪，更別說還有出版社編輯丹尼爾的加料演出，他為了贏得瑞秋的愛不擇手段。愛慾之間的拔河自然是主菜等級。

而兩位有趣的日本商人，從一開始的敵視，到最後的開懷暢飲，中間的轉折是戲裡的插花點綴，少了倒也可惜。尤其他們在故事終了時，最後的話題再回到生意競爭，兩人隨即再度展現商人本色，收放之間煞是趣味。

那位神秘饕客雷利，他的存在真是一瓶最好的伴酒，從頭到尾看似不搶戲，卻搶了更多的注目，把餐廳的經理和服務生攪得團團轉，也讓我們看見了餐飲界對於評論家的恐懼與敬畏。但最荒謬的莫過於是雷利的身份，最後揭秘竟然是一位鐘錶師，這部分我相信應該是有文化上或其他意義的暗示，不然真是讓人錯愕！

當然一定要提美麗的大廚瑪兒，在眾星雲集的舞台上，她的角色設定反而缺少衝突，因為從電影一開始，我們就知道她累了，想休息了，她努力了十五年，想以這一晚成功的晚宴微笑收場，再邁向下一步的人生挑戰。但這正是這角色最大的問題，因為在劇本創作裡她的存在反而像是背景，一個缺少衝突卻又扮演著女主人的角色，我調皮一點的形容，到很像是一條頂級蕾絲桌巾，高級饗宴中不能沒有她，但卻又激不起熱情。

更可惜的是，運送甜點的船發生船難，這對於大廚來說少了最後一道收尾的甜點，應該是要命的危機，總該把鎂光燈給她了吧！但這危機最後的解除，卻是由其他主廚們提出了一個創意建議而化解，讓瑪兒這角色的戲劇高潮真是到了鍋邊又滑溜掉，是真浪費了。

這場浮世人生的電影現場，彷如一場表演大秀，看美食、看熱鬧、看愛情，都隨君取用。想想吃頓飯也不用太嚴肅，真正在我們人生中，印象深刻的聚餐記憶裡，你記得的餐點有幾道？或許我們更重視的應該是那個與我們共餐並共同創造用餐記憶的那個人。

完美陌生人：分食秘密的危險饗宴

雖然主場景完全鎖定在洛克家的餐廳、廚房，
而且大家不斷的在吃東西，
但我除了認出酸豆和馬鈴薯麵之外，
好像沒有再讓我有印象的食物。
顯然「秘密」的接連上菜，完全比餐盤上的食物更加誘人。

最近一次滿月月蝕前，幾個朋友邀約著買啤酒、宵夜來一場夜的野宴，我當時毫不遲疑的想起了這部電影《完美陌生人》（Perfect Strangers）。這部電影應該是看過一次就難忘的片子，在月蝕的夜晚，沒有妖怪、沒有特效場景，就在一間高級公寓的大餐桌上，發生了讓人驚心動魄的故事。

一群朋友圍坐一圈，準備分食著彼此的秘密。觀眾同步跟著劇中人一起等待秘密的揭露，像等待著一道道菜餚上桌，真是可怖又讓人期待的經驗。所以這部電影的網路警語是：千萬不要跟愛人一起看這部電影！

二〇一六年《完美陌生人》得到義大利金像獎最佳影片等八項大獎提名，並在許多國際影展上受到好評。

諾貝爾文學獎得主馬奎斯曾經這麼說過：「每個人都有三種生活：公開生活、私人生活，以及秘密生活。」《完美陌生人》挑戰的就是在一場朋友聚會的晚宴裡，公開你的秘密生活，導演非常象徵性的以月蝕作為暗喻，相對於太陽的明亮與耀眼，月亮總是代表著我們隱晦的、不為人知的現象或狀態，在星相學上，甚至以月亮星座的位置，暗指我們每個人的內在性格。月蝕來臨，這些深藏的秘密終將被揭露，直到月蝕結束，一切才又恢復了原狀。

朋友們的家庭聚餐，通常是愉悅且平常的，每個社會、團體每天都有這樣的場景發生著，但這部電影厲害的就是以月蝕之夜四對朋友看似單純的晚餐約會為基底，投入一個「變數」來攪亂這一切，這是相當高招的故事手法。而這變數就是：手機公開！

這年頭幾乎人手一台智慧型手機，手機功能越強大，我們就有越多的生活被它掌控，甚至透過手機來執行人際網絡的串連。那些檯面上、檯面下的勾當和秘密，愛人、親人可能都不見得清楚，但手機肯定都知道。這遊戲就在女主人艾娃的提議下展開了，在場的每個人第一時間都面有難色，或隱約感到不妥，但為了展現在愛人面前的坦蕩，只好勉強答應了。其實這位女主人自己就是一個心理醫師，她也不滿意她的女兒、老公，因此挑釁似的拋出了這個遊戲建議，她大概也沒想到，竟然讓彼此之間的友情與愛情關係近乎崩毀，包括了她的世界。

「手機裡有我們的一切，這就是我們生活的黑盒子，要是能看對方的手機，有多少夫妻會分手呀！」

四對看似幸福美滿的朋友，包括這公寓的男女主人洛克與艾娃，洛克是一名整形醫師，卻一直被艾娃的父親（也是一名醫師）看不起，因為他是工人家庭（母親在市場賣水果）出身的，夫妻兩人的關係看似和諧卻已經觸礁，彼此都在思考著還能繼續走下去嗎？洛克在電影中是最溫厚的人，他友善的接納他的女兒與朋友們。

第二對夫妻是小雷和卡洛塔，小雷是一般白領上班族，卡洛塔從職場回歸家庭，照顧孩子和婆婆，夫妻之間已經沒有了性愛與熱情，還交雜著婆媳問題，更是讓兩人的關係雪上加霜。小雷有外遇，為了避免每天的熱線電話被拆穿，竟要求另一位朋友培培跟他交換手機……，結果引來更大的災難。而卡洛塔則在網路上找到了性幻想的對象。

第三對夫妻是新婚的計程車司機柯西莫與獸醫碧昂卡，柯西莫浪漫又不切實際，是個愛情放電機，原本抱定獨身主義的碧昂卡則是對這段婚姻有著很大的期望，但隨著柯西莫的外遇戀情一一曝光，碧昂卡的婚姻夢也幻滅了。

第四對是失業的體育老師培培和他的愛人露西拉，露西拉是培培的新戀人，大家都希望能見到她，但卻臨時發燒不能來，所以只有培培一人赴約，隨著培培愛人最後的曝光，也將電影故事推到了最高潮。

當眾人到齊後就開始吃飯，並且立即進行手機公開遊戲。坦白說，雖然主場景完全鎖定在洛克家的餐廳、廚房，而且大家不斷的在吃東西，但我除了認出酸豆和馬鈴薯麵之外，好像沒有再讓我有印象的食物。顯然「秘密」的接連上菜，完全比餐盤上的食物更加誘人。

分食，是人類群居生活中重要的儀式與社交活動，在這部電影中，大家分食的是彼此的秘密。在一般交友過程中，從普通朋友進階到好朋友，很重要的步驟就是秘密的分享與交換，一旦擁有了對方的秘密，關係彷彿就像歃血為盟般的被互相認定了。要是關係再進階到親密關係（愛人或夫妻），則被期待擁有更高標準的信任，因此我們總是希望對方要完全誠實與坦白，但事實上，我們卻是可以保有自己的秘密的。

閱讀這部電影故事，我們不妨換個方式來欣賞導演上菜。

前菜：誘惑與好奇心是最好的開胃菜

電影一開始，透過鏡頭的窺視，我們看到了三對夫妻聚會前的狀況，柯西莫性趣大發，忍不住對講電話的老婆上下其手，碧昂卡受到干擾，只好對電話中的客戶說，她養了一隻大狗，愛小孩也很黏女人……，碧昂卡最後決定停掉避孕藥，為懷孕做準備；艾娃偷看女兒的書包，發現了保險套，她大發雷霆，洛克卻不以為意，一家三口陷入風暴；卡洛塔忙著搞定女兒和婆婆準備出門，小雷卻躲進廁所裡看手機……，卡洛塔則是偷偷的脫掉了內褲……。

非常平凡的生活戲，但在日常中似乎又有著不太尋常的氣氛。開場五分鐘內性暗示的符號與情節跟著主角的出場不斷揭露，很直接地勾引著觀眾的興趣，也直接為每個角色貼上了隱形標籤。

餐前酒：優雅表面下的隱藏慾望

眾人圍著開放式廚房邊喝著酒，藉著調侃培培沒出現的女友，大家也各自闡述了自己的愛情觀和對外遇的看法，並公認男人會為朋友隱瞞外遇的秘密，其中一段以電腦譬喻男女差異的對話相當有趣：

「男女差異太大了，就像微軟和蘋果電腦……。」

「男人像微軟，便宜但容易中毒，一次只能做一件事。」

「女人則像蘋果，直覺、快速、優雅，而且價格昂貴……，還是很吸引人。」

主菜1：謊言，需要用更大的謊言來彌補

手機公開遊戲上場，每個人都開始變得忐忑不安，只要一有手機訊息聲或鈴聲響起，當事人都會相當驚恐，周邊人則是見獵心喜，但最有趣的角色莫過於另一半。

你真的相信你的伴侶嗎？你真的相信婚姻嗎？如果可以選擇，你真的想知道對方的

真面目嗎？

小雷因為擔心每天晚上十點情人會傳艷照來，因此硬凹培培跟他交換手機，但沒想到小雷卻因此接到了培培的情人路西歐的電話。不是女人露西拉，而是男人路西歐，小雷懂了培培說謊，他的愛人是男人，但這時卻已經來不及了，只好硬著頭皮被誤會。

主菜2：或許我們都應該學習如何分手

真相太殘忍，一點都不完美。所以我們寧願抱著假象和平共處嗎？

秘密揭開後，要如何面對？是否一定要委屈求全？還是我們都應該學習如何分手？三對夫妻都面臨著婚姻關係的危機，卡洛塔說出了自己不想再被老公以負面情感威脅，繼續被愧疚感綁住來維繫婚姻；碧昂卡則是重新思考婚姻與懷孕生子的意義；艾娃的外遇對象也呼之欲出，她也拔下情人送的耳環，痛苦的面對自己的背叛與被背叛。

主菜3：你深愛一個人，就會為他擋下全世界的子彈

主菜的衝突，口味都辣了些，但幸好故事裡還留有一味溫暖，幫我們保留了愛的可能性，就是培培。培培眼睜睜的看著朋友柯西莫對小雷身為同志（誤會）的不接納，包括言語的攻擊，最後他說，「我不會帶他（愛人）來，我知道只要一見面，他就會被你們古怪的眼神傷害，我不希望他受傷，我要保護他。因為如果你深愛一個人，你會為他擋下全世界的子彈。」培培最後的詮釋，也是電影作者壓抑了兩個小時後想偷渡的價值吧！你們／我們真的懂愛嗎？

「這遊戲像是連續殺人狂，今晚出櫃的是你們，不是我。」

甜點：月蝕的神秘魔法

關於月蝕，真是這電影故事的命題，劇情前中後呼應的巧妙，無論是明著來的劇情，或是暗著來的秘密，甚至是電影片尾神來一筆的魔法，都讓人拍案叫絕。就

像不管你吃了哪一種套餐，最後都要用甜點來封你的嘴，告訴你該滿足了，前面吃下的東西，只能回家自己消化了。

月光再次灑落，秘密回歸暗處，我們依然相愛。

3・餐桌上的家滋味

飲食男女：人之大慾，不想也難！

大家能在一起吃飯也是一種緣份，
我不說不是想隱瞞，
是不希望我個人的事拖累一家，
一家人住在一個屋簷下，照樣可以各過各的日子，
可是從心裡產生的顧忌才是一個家所產生的意義。
其實我不說也不會對不起誰，
說了就是不想再委屈求全。
我這一輩子怎麼做也不能像做菜一樣，
把所有材料都集中起來了才下鍋，
當然吃到嘴裡是酸甜苦辣，各嚐各的味……。

中華料理的華麗與精緻，在李安導演的《飲食男女》裡，小露了幾手就讓人印象深刻。尤其是郎雄飾演的圓山飯店大廚，每週打點在家吃飯的戲也是全套功夫，還記得第一次看到這部電影時，一開場就讓我驚艷不已，對於我們這種只能在小廚房裡打打雜，湊合一些家常菜的人，真是嘆為觀止。

但電影故事的主角絕對不會完美，所以很快的我們進入了這場家宴現場時，就發現不對勁了，大圓桌上滿是一道道飯店等級的經典大菜，但餐桌上的家人卻是各有心事，緊繃、心不在焉、各有盤算。朱爸首先發難，有事想要宣布，但每次一開口總是被打斷，更糟的是二姊家倩嚐了一口煨魚翅後，竟然還直接點出了老父親的致命傷：他的味覺退化了！

這一家人在美味的大餐前，不只是父親沒了味覺，三個姊妹也都無心品嚐。大姊家珍（楊貴媚飾）是化學老師，也是虔誠的基督徒，她外表看似保守，內心卻渴望愛情，家人都知道她因大學時遭男友拋棄，於是選擇了封閉自己。二姊家倩（吳倩蓮飾）是航空公司的主管，能力強，外型漂亮，最像已經過世的媽媽，但卻是最急於想脫離這個家的人，她和前男友的關係是純炮友，沒有愛的牽絆，反而能成為好友。小妹家寧（王渝文飾）則是個心思單純的妹妹，在速食店工作，暗戀著同事的男朋友，最後卻不小心橫刀奪愛成功。

朱家還有個好朋友錦榮（張艾嘉飾），是個婚姻失敗帶著女兒獨立生活的辛苦媽媽。

如果讀者如你心思夠敏銳，就會發現這些人物介紹的重點，怎麼全跟愛與情慾扯上關係，若要再坦白一點，老父親那句卡在喉嚨裡想要宣布的事，也是攸關他的終身大事。在美食盛宴面前，每個人都是愛情的俘虜，卻又癡癡的盼望著愛情降臨來拯救他們的人生。不知這算不算是李安導演以「飲食男女」為片名的喻意？

《禮記．禮運第九》
飲食男女，人之大欲存焉。
死亡貧苦，人之大惡存焉。
故欲惡者，心之大端也。

人藏其心，不可測度也；
美惡皆在其心，不見其色也。
欲一以窮之，舍禮何以栽？

美食、情愛，總是讓人們嚮往；貧病老死，則讓大家恐懼害怕，避之唯恐不及，這廂喜愛那廂厭惡，人人都一樣。但越是害怕越躲不了，越是渴望越是得不到，於是人生才這麼折騰吧。《禮記》中，直指這些好惡慾望都藏在人心，藏而不見，卻是蠢蠢欲動，如何能約束它？唯禮教有辦法！

電影《飲食男女》談慾望？談美食？還是談禮教？有人說李安導演的電影觀點比較不敢大鳴大放，人們總是被禮教束縛著，想掙脫卻又自顧地與自己掙扎，最後被刺得一身血，還得要優雅的起身……說再見。我則老覺得他像是一個針灸師，對於人生百病，總是拿著一根軟針直指人心，不挑破動脈讓你噴血，卻能挑動你的經脈，撥動你的氣血後，瀟灑起針。除了留下一個小針孔，好像什麼事都沒發生過。

這部電影故事裡每個角色也都是身懷心病的，故事圍繞著家，圍繞著父親朱爸，圍繞著對愛的渴望與追求。面對大廚老爸，桌上每一道菜都是規矩，吃飯彷彿成了一場儀式，他們在餐桌前雖面對著山珍海味，卻不見大啖美食的欣喜與熱情，更多的是情感的壓抑。

失去味覺是朱爸的反抗，沒了味覺後，朱爸重新體會到吃只是一種心的感受；離席則是女兒們的反抗。只有當他們重新找回了真心，面對自己、接納家人後，才能真正享用這場家宴的豐盛與美味！

電影中的料理排場，因為朱爸的圓山飯店大廚身份，成為整部電影最華麗的包裝，但李安並不甘於讓這精湛的中華料理成為背景道具，反而借力使力成為電影的特色，甚至作為角色衝突上的暗喻。

有一場戲很特別，是圓山飯店大廚房裡，發現了假魚翅，結果一道「翠蓋排翅」出不了，那天的宴席可是重要人物的兒子婚宴，席間是滿天星的將領，萬萬不能出差錯。前來支援的朱爸，二話不說，論斷了假魚翅發開了沒彈性，久煮則散，怎麼煨也不入味，改！他說「翠蓋排翅」不做了，改做「龍鳳呈祥」，加鮑魚。聽到這段對白，我忍不住笑了，想起參加過的喜宴菜單，真的都是滿桌吉祥話，中華料理重排場也重視菜名，馬虎不得。

李安導演處理料理的戲是細膩的，不只鏡頭設計與節奏感抓得漂亮，就連對白也是下了功夫，「你想要的要不來，想趕走的走不了，正好是『乾燒甲魚』：鱉！」。

二姊家倩喜歡功夫菜，但爸爸卻不給她進廚房，這也成為父女間的心結，家倩覺得父親不能接受女人成為大廚，於是把她趕出廚房，其實是父親深切感受到廚房工作辛苦，希望孩子不要走他這條路，他知道家倩個性最像他，因此希望她能多讀書，找個好工作有好歸宿，這思路大抵是東方家庭裡傳統父母的想法。父女間彼此都不願意說出心裡話，所以心結也越打越死，越是難解。

所以每當家倩想煮菜時，就去前男友家，她曾做了一道「祖庵豆腐」，這道菜是豆腐跟雞蓉打在一塊，用蒸籠蒸，蒸到穿了孔成蜂巢，然後切成塊，再用火腿和老母雞煨，味道香醇……，這對白裡的餡兒，聽得讓人既驚訝又讚嘆！家倩說起自己對料理的學習，都是小時候在餐廳廚房裡跟著爸爸和溫伯伯學的，直到父親不准她進廚房，這記憶好像也不見了。「小時候的記憶我已經想不出來，除非把它們煮出來。」

食物與成長記憶、創傷的關聯，完全跳上了檯面，讓人不得不直視它。以料理暗喻人生的哲學式筆法，在文學裡不難看見，在電影中更是不時出現，《飲食男女》算是開門見山的挑戰，功夫只能在細微處一見高下了。

飲食男女，人之大慾，不想也難呀！這整部電影充滿著食物，就像朱爸的廚房，每一個櫥櫃打開都是滿滿的食材。每個角色也都在談情說愛，就連半路插花進來的角色也一樣，錦榮的母親（歸亞蕾飾）從美國回來，是典型的嘮叨媽媽，焦慮、刻薄，一張嘴喳呼喳呼的停不了，但她對朱爸有了好感，一心以為朱爸要對她告白。

這一家子人的感情設定，算是一場有趣的佈局，關於愛情，人人各有難題，但我對於朱爸和大姊家珍的感情狀況最感困惑，也覺得最有意思。朱爸在最後的家宴告白時說道：

大家能在一起吃飯也是一種緣份。我不說不是想隱瞞，是不希望我個人的事拖累一家，其實一家人住在一個屋簷下，照樣可以各過各的日子，可是從心裡產生的顧忌，才是一個家所產生的意義。

其實我不說也不會對不起誰，說了就是不想再委屈求全。我這一輩子怎麼做也不能像做菜一樣，把所有材料都集中起來了才下鍋，當然吃到嘴裡是酸甜苦辣，各嚐各的味……。

最後結論是……朱爸宣告想和錦榮結婚了！眾人的瞠目結舌，都比不上聒噪的錦榮母親閉上嘴昏了過去，更適合為這場戲劃上驚嘆號。

老父親追求愛情的勇氣，是嚇人的，尤其憋到最後一刻才揭曉，應該算是戲劇高潮。但可惜這老男人的愛情慾望，彷彿就像他老是被打斷的告白一樣，一直被吞了回去，最後終於說出來時，卻也是被連續乾杯後的漲紅臉龐，與錦榮羞澀、尷尬的特寫，給胡了過去。但我真希望能看見李安導演能再往裡頭掀一點，畢竟老人的情慾在東方社會裡，也常被遮羞布所覆蓋，不見容於禮教的規矩上。另一段讓我驚訝的情節則是大姊家珍的情傷真相，電影前半段她始終披掛著受傷女人的自怨自艾，以憤怒封閉自己，再以宗教的情操和聖潔的樂音為自己裹上糖衣。但失衡狀態到了臨界點總會迸裂的，她對愛情、對性的慾望是電影中最炙熱的，但不知為何卻要編造一套失戀謊言來逃避自己，這段曖昧情節，讓我下戲後還想了幾回，戲中則是很快地被愛情解放的大浪給淹沒了。

留點餘韻在口中回味，恐怕也是電影大師的伎倆吧！

海街日記：被思念圍繞的味覺記憶

當母親要離去時，
大姊將奶奶十年前釀的梅酒和姊妹們今年釀的新酒交給母親，
那一刻母女間鎖死了十多年解不開的心結，
彷彿瞬間融化了，無須言語，
就以這瓶時間、記憶和對家人的愛所封存的梅酒，彼此相繫。

食物透過味覺、視覺、嗅覺、聽覺、觸覺的接觸，再加以情感的調味，總有幾道菜色是深植在我們的記憶深處，難以遺忘。從記憶庫裡再次撈起，它早已不只是一道食物，而是一樁事件的聯想、一個人的代名詞、一張人生風景畫的符號，一段記憶的導火線。是枝裕和導演的電影，總能輕易又不著痕跡的透過食物駕馭著記憶與家庭的故事，這部分很讓我佩服。

電影《海街日記》的餐桌上，每一道料理都是記憶，都是故事。

住在鎌倉老屋子裡的三個姊妹，大姐香田幸是護士、二姊佳乃是理財專員、老三千佳在運動用品店工作，有一天他們突然收到一封通知信，是人在山形開溫泉旅館的父親去世了，父親的家人邀請她們去參加喪禮。父親因為外遇，在姊妹們年紀尚小時就已離家，母親因為受不了打擊，竟然也相繼離開，留下奶奶照顧這三個孫女，而大姊香田幸就在這個家裡開始扮演起姊代母職的角色。

這封來自山形的訃文，打亂了三姊妹的生活，「父親」對她們來說，在成長記憶中是一個缺口，而缺口的邊緣是被背叛、思念、憤怒的噴槍所燒灼，所以到底該不該出席喪禮？就是一大情感的考驗。

幾經掙扎後，她們還是出席了父親的喪禮，並且在喪禮上遇見了她們同父異母的十五歲妹妹淺野鈴，小鈴是父親與當年外遇的對象所生的孩子，之後小鈴的母親因病去世，她們的父親又再娶了現在的太太。喪禮上相遇，大姊很快地看出了早熟的小鈴在那個家的辛苦，短暫相處後，更讓大姊對這妹妹的處境很不捨，彷彿從她身上看見了過去的自己。最後在離別的月台上，大姊香田幸大膽地對小鈴提出，「要不要來跟我們一起住？」

於是鎌倉的老屋子裡，開始了四個姊妹的生活。

四姊妹住在一個屋簷下，互相偎依彼此照顧，卻也藏有各自的心事。

小鈴來到鎌倉的第一天，大姊就帶她進廚房一起做炸蔬菜天婦羅蕎麥麵，女人在廚房的時刻是私密的，能一起分享廚房的空間，也是這個家對小鈴的接納。

包括後來她們姊妹二人有一場很關鍵的戲也發生在廚房。那陣子家裡氣氛很凝重，因為離家十四年的母親突然說要回來鎌倉參加外婆的忌日活動，母親在大姊高中時就離家，中間鮮少聯絡，兩個妹妹對母親都非常想念，但大姊卻很難原諒母親拋下她們離家的自私行為。尤其現在小鈴來到這個家一起生活，小鈴的媽媽就是當年父親外遇的對象，當年因為受不了父親外遇而離家的母親又該如何面對？母親能接納小鈴嗎？大姊雖然一直護著小鈴，卻也無法揮去這片籠罩著大家的低氣壓，更何況她自己與母親間的愛恨關係，也是卡在心底的一根刺。

於是當幸帶著小鈴在廚房裡做海鮮咖哩時，她忍不住說出了一些心裡話「這是媽媽教我的唯一一道菜，海鮮咖哩，因為海鮮不像肉需要熬燉，就是她這種討厭煮菜的人會做的。」幸一邊煮菜一邊忍不住抱怨著母親。

敏感的小鈴，可以感受到大姊的壓力，非常難過的說：「對不起，我媽媽做出這種事……」

「這不是妳的錯！」幸趕緊解釋，但小鈴還是很自責。

「喜歡上已經結婚的男人，就是不對。」小鈴對於自己母親是小三，一直有罪惡感，可是她卻不知道大姊當時也陷入和已婚男醫師之間的不倫戀。大姊聽到這句話，無疑深深地被刺痛，卻只能故作鎮定的說：「對不起，我們傷害到妳了，但這種事是你我都無能為力的，不是任何人的錯。」

海鮮咖哩在鍋子裡滾熱著冒泡。

相較於海鮮咖哩是大姊香田幸對母親的記憶，老三千佳對這道菜卻沒有印象，因為她比較有記憶時，母親已經離家。所以她能分享給小鈴的咖哩是竹輪咖哩，竹輪咖哩是小時候奶奶最常做的料理，也是千佳最愛吃的家滋味。

食物在這個家裡扮演的角色，彷彿是裹上了記憶糖粉的泡泡，在這個家裡四處飄浮著。每個人都有自己的一道食物來跟所愛的人產生連結。而小鈴對於父親的記憶則是寄存在吻仔魚上。

有一次，小鈴到了山貓亭小吃店時，無意間吃到吻仔魚吐司，她大為驚訝，因為這道料理是在仙台時爸爸經常做給她吃的食物。沒想到山貓亭的大叔告訴她，當年這道菜就是他教給小鈴父親的料理，聽到這個關於父親的線索，讓小鈴非常興奮，彷彿自己跟父親又更靠近了。雖然父親已經去世，但吻仔魚料理卻在此刻帶著小鈴找到了家的感覺。只是敏感的她還是不敢跟姊姊提起父親的故事，雖然她知道姊姊們都很照顧她，但心裡還是難免有所顧忌，她明白自己與父親相處的美好時光，正是姊姊們失去父親的空白記憶。

和解，是這部電影裡的一大課題，剛好梅子與梅酒幫了大忙，也是我看了這部電影後，最深刻的食物。

老房子門前有一棵五十五年的梅樹，每年都會結出許多梅子，釀梅酒是過去從奶奶傳給了媽媽，再傳到姊妹們的年度功課，每年梅子季節到了，這家人都要釀梅酒。而釀酒前，姊妹們會在新鮮梅子上用竹籤戳出一顆顆小洞，用意是幫助梅子更快發酵，順帶的趣味則是把名字刻在上頭，既是手釀農食的遊戲，也能當作對梅子的許願。

在老房子地板下的小儲藏室裡，還珍藏著奶奶十年前釀的梅酒。大姊幸非常珍惜這缸酒，守護著這缸酒，彷彿也是大姊身為這家女主人的榮耀，而這梅酒最後也成為大姊與母親和解的重要象徵。當母親要離去時，大姊將奶奶十年前釀的梅酒和姊妹們今年釀的新酒交給母親，那一刻母女間鎖死了十多年解不開的心結，彷彿瞬間融化了，無須言語，就以這瓶時間、記憶和對家人的愛所封存的梅酒，彼此相繫。

至於壓抑的妹妹小鈴則是因為不小心喝了梅酒後，不勝酒力而醉倒了，醉倒後的小鈴，把心裡對父親的想念，對後母的怨對，全都說了出來，更讓姊姊們心疼，也讓彼此間的關係更緊密了。

以老梅樹、梅子、梅酒，作為維繫這家人的情感象徵，酸甜微醺的梅酒滋味，真是讓人難忘。

《海街日記》不只談家庭，也談著小鎮裡的人情，和姊妹們的兒女私情，食物依然扮演著最深情的符號。

二姊佳乃最喜歡吃海貓食堂二之宮阿姨做的酥炸竹莢魚，但沒想到二之宮阿姨卻得了胃癌，而且房子還被弟弟變賣，身為理財專員的佳乃和她的暖心主管，便不斷地想辦法要幫阿姨度過難關……就在海貓食堂快要結束營業時，二之宮阿姨還特別為佳乃做了一份醃漬的竹莢魚，托小鈴帶給二姊，情感細膩之處相當動人。

而大姊也藉由送男友筷子來表達情意，因為在日本女人要幫男人買筷子是暗指很特別的關係，反過來當她與男友有衝突時，她則每次都會買一大堆蘋果、水梨回家，妹妹們這時就知道，千萬別惹大姊……。

這部電影裡的每一道食物都很鮮活，充滿著濃濃的人情味道與味覺記憶，也拉近了與觀眾間的距離，畢竟這些關於食物與家人之間的點點滴滴，也都有可能是你我的記憶呀！

在平凡的生活中刻畫出生命的厚度，也是一門藝術。看是枝裕和的電影，特別有感，最後當小鈴告訴姊姊們，她希望永遠留在這裡……姊姊們也幫小鈴在老屋子的木頭柱子上，刻下代表她年紀與身高的記錄。這一道痕跡，也可能會在每個家庭的牆上、柱子上出現，它記錄的不正是當下的喜悅和日後的珍貴嘛！

「美麗的事物依舊美麗，真讓人開心」，無論是對梅樹或櫻花的詠嘆，映照到人生，也是美麗呀。

吐司：敬！美味人生：以愛為名的美食爭霸戰

奈傑的父親終於受不了這兩人的大戰，大喊：

“Enough Fighting, Enough Food”！

他哭泣的背影，的確讓人感到悲傷。

一家三人不斷陷入爭吵，

他被逼著不斷吃下各式美食，吃！吃！吃！

這就像餐桌上豐盛華麗的美食，

對映著廚房裡的杯盤髒污、血腥殘渣，

極為諷刺。

「無論情況有多糟，也不可能嫌棄替你烤吐司的人，一旦咬下那脆皮和下面的軟麵包，再嚐到微熱的鹹奶油，你就永遠迷上了。」

《吐司：敬！美味人生》（Toast）一開始，小男孩的口白就點出了他心中的關鍵美食：吐司。但真正讓他難忘的或許不是吐司，而是那個為他烤吐司的母親，那是小男孩心靈裡永遠的缺憾。

這部電影故事改編自英國名廚也是知名美食作家奈傑・史萊特（Nigel Slater）的自傳小說《*Toast, The Story of a Boy's Hunger*》，他的母親不善廚藝，再加上六〇年代的英國很流行罐頭食品，以為透過機器加工處理過的食物才健康安全，也是最時尚的上流食物，因此他在九歲之前幾乎沒有吃過新鮮食材。

有一次他跟母親一起去超級市場，想吃保溫櫃裡的豬肉派，母親立即回應他：「這太平民了！」

他想買新鮮乳酪，母親也隨即阻止：「這些新鮮乳酪來路不明……，老闆，給我加工乳酪。」

這些觀念，現在聽來大概都會令人驚訝，很難想像以罐頭食物當成主食怎麼會是最健康呢？但卻是當時英國的真實狀況。尤其是母親生病後身體狀況不佳，全家更是以吐司為主餐，所以奈傑的童年記憶裡，烤吐司一直是他覺得最美味的食物。

《吐司：敬！美味人生》劇中的人物個性都被描繪得相當鮮明，奈傑的母親是個非常溫柔又美麗的女人，可惜因為有肺病而經常顯得蒼白虛弱。在小男孩的記憶中，母親連做三明治都不會，但她非常愛她的先生和兒子，也希望陪著孩子一起做蛋糕或鹹派，雖然都是以失敗告終。

奈傑的父親，在他的童年記憶中，非常暴躁易怒，對他非常嚴苛，但是對母親總是很溫柔。他的自述裡，甚至懷疑父親的壞脾氣可能來自營養不夠（因為他們天天吃吐司），但是父親對於母親準備的食物總是沒有怨言。

這部電影的編劇和導演處理人性衝突時既溫暖又細膩，甚至比原著更加寬容，例如電影中多加入了一些情感細節，透過演員的表演，讓我們看見他們內心的人性掙扎與難堪，這點更甚於原著單方面（奈傑）的感受。

例如父親的暴怒，一方面是欲求不滿（食與性）的壓抑，另方面也是對妻子生病的恐懼，他因為深愛妻子而不斷壓抑自己，兒子難免就成了出氣筒。有一場戲我印象深刻，奈傑母親死後，父親連罐頭食物都做得難吃，於是小奈傑拿出自己僅有的零用錢去買了兩塊煙燻鱈魚，打算自己做晚餐給父親吃，沒想到父親因為加班回來得晚，沒有經驗的小奈傑就把鱈魚烤焦了，面對烤焦的魚，父親不但沒有責罵他，反而露出微笑跟他說：「很好吃，我喜歡吃焦的食物。」然後一口一口把魚吃了，那神情就和父親面對生病母親的烤吐司時一樣的溫柔。

全片中最立體的人物，就是奈傑的繼母瓊安（波特太太），這角色由海倫娜·波漢卡特飾演，詮釋得相當傳神，讓人又愛又恨又憐憫。瓊安是個已婚女人，在奈傑母親過世後，到他家中幫傭，但性感又熱情的她與奈傑的父親看對了眼，兩人開始有了交往，這在小奈傑眼中完全不可接受，他認為瓊安是工人階級，粗俗又卑劣，完全不可能取代母親，更何況她還有自己的婚姻，所以奈傑對瓊安直接開戰，他稱呼瓊安是清潔工。許多衝突戲都發生在父親不在的時候，奈傑曾經為了不准瓊安縫補父親的襪子而直接嗆她：

「不要碰我父親的襪子！」

「我知道你想念你媽，但有洞就是要補，而那個人就是我。」瓊安非常堅定的表態。

「妳在浪費時間，妳根本不配！」奈傑毫不示弱。

後來當瓊安開始和奈傑父親交往時，奈傑更不能接受：

「妳先生知道妳為我們做晚餐嗎？」

「你別把我當下人，就算我說話不夠高雅，不表示我是笨蛋。你還小不懂別人吃過什麼苦……唉，我不該以為廚藝勝過她（已逝的奈傑母親）就能討好你！」

此後這兩人為了爭奪奈傑父親的愛，更上演了一場以愛為名的食物爭霸戰。在對戰的過程中，一道道美食不斷上演，看得讓人眼花撩亂，嘆為觀止！白霜檸檬塔、紅酒燉牛肉、白酒淡菜、焦糖橙汁鴨胸、法式鹹派、舒芙蕾、焦糖蘋果塔……滿滿的食物，填滿對白和劇情。

對奈傑來說，瓊安是可惡的壞女人，但海倫娜飾演的瓊安卻總是讓你在某些片刻中看見她粗俗心機中的焦慮和恐懼，讓觀者也為她感到一絲難過，那是女人為了脫貧，為了尋找自己更好的生活依靠所做的拚搏，她沒有其他技能，就只是會打掃房子和擁有一手好廚藝，於是她努力用她的方式贏得男人的心和胃，成為這個家的女主人。

因此當他們搬到鄉間別墅，打算重新開始新生活時，瓊安也嘗試對孩子示好：「我知道我永遠無法取代你媽……不過，我知道孤獨的感覺……給我們三人一次機會，開心點，我們會成功的，一起努力，在這裡重新開始好嗎？」

「不！妳是我們的清潔工，滾回沃夫漢普頓！」男孩依舊不接納她。

「給我聽好，你這任性的小鬼，我放棄一切來這裡照顧你們，我回去會成為過街老鼠，別胡鬧了！你非習慣不可，否則我會讓你生不如死，懂嗎？」她先以食物誘之，再好言對之，都行不通了，她也會用最直接的言語恐嚇來對待奈傑。

瓊安這繼母角色在電影中非常精彩，一脫刻板印象中反派後母的呆板想像，像是個流動的三面體，一方面靠自身技藝（美食料理）與強悍的性格，爭取女人的活路，同時又極度沒有安全感，要依附著男人。

而奈傑也不甘示弱，不只私下學習廚藝，更是不斷嘗試各種美食料理與之鬥爭。

最後奈傑的父親終於受不了這兩人的大戰，大喊：

Enough Fighting, Enough Food!

他哭泣的背影，的確讓人感到悲傷。他愛他已逝的妻子，但瓊安顯然也讓他體驗到身心的幸福，可是兒子卻沒有辦法接受，一家三人不斷陷入爭吵，他則是被逼著吃！吃！吃！

這就像餐桌上豐盛華麗的美食，對映著廚房裡的杯盤髒污、血腥殘渣，極為諷刺。

父親去世後，當奈傑提著皮箱決定離家時，這時候瓊安竟然還端著一杯紅茶與蛋糕盤追出來要他吃下午茶，那場戲也讓我非常深刻。女人這時候需要另一個依附，哪怕她曾經視他為敵人。

海倫娜演得真好，她不斷地對奈傑示好，她願意照顧他，她願意為他做飯，她願意做一切事，求孩子不要丟下她一個人……，看著她手上端得牢牢的那盤紅茶與蛋糕，真是令人感到悲涼，美食戰爭最後的下場，不勝唏噓。這些瓊安的內心戲，應是當年的奈傑所不能體會的，而由電影的編劇、導演和演員所植入，顯然為這故事加分許多。

Don't leave me alone.

這句話奈傑曾經對母親說，對父親說，也對心動的舞者說，而瓊安也在奈傑執意離去時脫口而出。他們都害怕孤單，都渴望被愛，卻無法接納對方而互相取暖。

在這部電影中藉由食物所夾帶的人性和渴望，在單調的吐司、罐頭，到白霜檸檬塔，以及滿桌豐盛美食的映照下，也都顯得脆弱。

故事最後還是要回到主角奈傑身上，他應該是有料理天份，從他童年時幾次幫媽媽做飯的過程可知，甚至自己第一次學習煮肉醬義大利麵就成功。再加上後來為了與繼母爭奪父親的愛，也去學廚藝，最終成為英國非常成功的廚師、作家、美食節目主持人。

在這過程中，他也自曝兒時受到保守的父親壓抑時，曾經有一位園丁啟蒙了他對生活五感的探索，他開始懂得感受：花香帶來的愉悅，雨滴打落身上的清涼，還有美味的豬肉派。同時他在情感上也曾面臨茫然與渴望，尤其一段與男舞者的邂逅，更讓他經驗了愛情的悸動與失落。

「你為何能忍受待在這裡？」男舞者問。

「我別無選擇。」

「你可以選擇全世界，只是需要勇氣，你能成為任何你想當的人。」

「你真這麼認為？」

「是，只是你得準備好冒險！」冒險的代價，雖然不盡甜美，但總能肥沃了成長的果實。

雖然電影《吐司：敬！美味人生》看似少年的成長旅程，與一位大廚的人生前傳，但真正打動我的卻是美食之下的愛與慾，這才是真正的人生大菜呀！

小偷家族：最壞的日子也有最快樂的餐桌時光

《小偷家族》是一部夾心在外界現實無情，
與內心柔軟深情間的電影故事，
矛盾與真情，彷彿就交織在他們靠著偷竊帶回來的食物中，
他們一起在老屋子裡分享，
雖然大多是泡麵、麵筋、玉米、醬菜等廉價食物，
但說真的，看電影時心裡會覺得：感覺好好吃呀！

維繫一個家庭存在的最重要價值是什麼？
血緣還是愛？

從電影海報說起，得到坎城影展金棕櫚獎榮耀的《小偷家族》，日本官方版海報，是看似三代的一家六人坐在老房子屋簷下，相互依偎著露出幸福的表情。電影劇情中，他們曾經一塊探出頭來仰望天空，聽著遠方燦爛的煙火聲，雖然看不見煙火，但眼神中卻都閃耀著光芒。

而另一張我覺得很美的海報，則是中國版的宣傳海報，仿日本浮世繪畫風，一隻手撐著大傘為前景，傘下是前方的蔚藍海浪和兩個大人、一個年輕女孩、兩個小孩手牽手跳浪的背影。那是劇情中一家六人到海邊遊玩的最美好記憶。

這一家六人沒有血緣關係，都是生活在社會底層的小人物，是那種很容易被主流視而不見的存在。獨居的老奶奶柴田，靠著微薄的社會年金住在破舊的老房子裡，陸續收容了從前夫家裡逃家的孫女亞紀（前夫再婚後的孫女，與柴田無血緣關係），還有一對中年的私奔情人勝太和信代，他們為愛殺了信代的前夫而出走，後來他們又在柏青哥店偷抱了一個小男孩祥太。

電影一開始，沒想到勝太又在寒冷的夜裡，看到被年輕父母忽略，被關在陽台的小女孩樹里，勝太心生不捨，於是又把小女孩樹里帶回家照顧。這拼湊起來的六人組就是柴田奶奶老屋子裡的小偷家族。

是枝裕和導演曾在受訪時透露，對於《小偷家族》這個故事出現的第一個影像概念，是曾經看過一則新聞，內容報導一個家族因為偷竊釣竿被捕，而且他們沒把釣竿拿去換錢。「我就想，這個家族還真喜歡釣魚啊……」然後腦中就浮現父子用偷來的釣竿釣魚的畫面。

回到電影中，這對偷了釣竿又不去賣的父子，轉換成了勝太與祥太。因為勝太想帶著男孩祥太一起去釣魚，他愛這孩子，雖然他只能付出自己僅有的生活能力和求生技能，但已然是全部。

「叫孩子去偷東西，你不覺得羞愧嗎？」祥太偷竊被抓後，警察質問著假父親勝太。

「我沒有其他東西能教他了。」勝太低著頭卑微的回答。

這段對話讓人心酸，也是這對父子／這個偽家庭被外界評斷的無能價值吧！

但在電影裡，導演讓我們看到他們之間的另外一面，有一場戲全家到海邊出遊時，男孩祥太忍不住偷瞄了信代的胸部，那不只是對母親的期盼，也是男孩成長過程中對性的好奇與渴望，雖然祥太很快地回神並感到害羞，這一幕還是被勝太看見了，他趁著在海中教祥太游泳時，輕輕地跟男孩說，偷看女人胸部和早上會勃起都是男人正常的表現，我也一樣。男孩一聽，露出了安心的表情說：「這樣我就放心了！」此時兩人不需多說，淡淡的會心一笑，流溢出的已是父子間無可取代的親密信任。

《小偷家族》是一部夾心在外界現實無情，與內心柔軟深情間的電影故事，矛盾與真情，彷彿就交織在他們靠著偷竊帶回來的食物中。他們一起在老屋子裡分享，雖然大多是泡麵、麵筋、玉米、醬菜等廉價食物，但說真的，看電影時心裡會覺得：感覺好好吃呀！

到底導演和這一家人給了這些平淡的食物添加什麼調味料，讓它有了不一樣的

滋味？

尤其是貫穿全片的炸可樂餅加泡麵，那真是飢腸轆轆時的人間美味。所有半夜餓過肚子或曾經流浪在外的遊子，應該都有這種體驗，熱騰騰香噴噴的泡麵是多麼溫暖呀！大口、大口不管別人怎麼看，麵條和著湯汁吸進嘴裡的滿足感讓人難以忘懷。那種滿足不屬於珍饈美味，而是私密的，只有自己懂得疼惜自己的溫暖。再加上以口袋裡僅有的銅板買下的炸可樂餅，酥脆扎實的麵粉夾馬鈴薯，喀滋喀滋咬下外酥內軟，一口可樂餅配上一口泡麵的溫熱濕潤，真是特別互補。這好吃的滋味，不只是食物本身，還佐上了他們外在的挫敗孤獨與回到家裡後互相取暖的善意。

電影中類似的暖食還有許多，例如有一次柴田奶奶將自己碗中的湯麻糬夾給孫女亞紀，當時亞紀興奮地說，「奶奶把麻糬給我了！」如果不懂日本食物的人，可能沒辦法理解亞紀的雀躍歡喜，因為在日本甜湯裡的麻糬／年糕，是傳統過年時才吃的食物，代表著祝福與好運。雖然只是一小塊麻糬的分享，卻能夠帶給家人幸福的感受。

還有，柴田奶奶煮的一鍋日式火鍋，雖然被亞紀抱怨怎麼一鍋都是青菜呀，但是一家人還是吃得很開心，就連剛到這個家的小女孩樹里，也被鍋裡的麵筋所吸引，麵筋（烤麩）是日本在農村時期家家戶戶都有的食物，被火鍋湯煮得軟拋拋，吸足了湯汁脹滿著，吃的時候一邊燙嘴，又被流洩出的湯汁包圍得好滿足。這時原本一直沉默的樹里開口了，她喜歡吃麵筋，因為那是她奶奶過去也常煮給她吃的食物。顯然樹里記得在她原生家庭裡的奶奶是愛她的，相較於親生父母對她的虐待，對奶奶的記憶似乎才是她的家滋味。

所以當信代有一晚抱著小女孩樹里時，她曾輕輕地在她耳邊說，「因為愛妳才打妳之類的話全都是騙人的！如果真的愛啊，就會抱抱妳才對！」呼應著女孩的身世，與信代渴望當母親的期待，這樣的情感投射，以超乎血緣的關係緊緊相繫著。

如此渴望當媽媽的信代，與大男孩祥太出門時，他們也在一起喝彈珠汽水，邊走邊喝非常開心，那是早期的熱門飲料，現在已經不流行了，偶爾在一些觀光區被當作復古飲料販賣，但卻是某一個年代的集體記憶。在外人眼裡，他們兩人就像母子般的邊走邊聊，信代享受著這樣的時光，那是當媽媽的感覺。她還教一旁的祥太把胃裡的氣（CO_2）打嗝出來，這看似愚蠢的動作，真是兒時回憶呀！而祥太也將彈珠汽水裡的彈珠都收藏了起來，在夜裡躲在衣櫃裡（他睡衣櫃）以手電筒照射著彈珠，似乎想探索它的瑰麗神秘。

「妳看，它像大海一樣。」祥太對小妹妹樹里說。

「我覺得它是宇宙！」樹里說。這台詞似乎暗示著這個家也是現實中的小宇宙吧。故事看到這兒，不禁浮現一絲淡淡地感傷。

導演是枝裕和擅長藉物喻情，尤其是食物，人與人之間的親密與情感，總是在最日常的生活戲裡飽滿的露出，就像勝太與信代唯一的一場親密戲，就是在暑熱的天裡，吃下那一大碗涼麵之後發生的，隨即降下大雨。

這也讓我想起是枝裕和不只一次的說自己的電影深受侯孝賢導演的影響，侯導對於拍吃飯也是有他一套堅持，他對於劇中演員的真實情感呈現很在乎，因此拍吃飯戲時，盡量都是挑真的放餐時間，而且桌上的食物不是假道具，都是好吃的真菜真食物，因為侯導說，這樣演員才能給你最真實的表演。對於有些劇組為了擔心演員NG會影響到食物道具，而不建議演員多吃，甚至在食物上噴上膠，因此演員多半只是動動筷子作戲，諸如此類，侯導不只一次表示難以接受。

在電影《小偷家族》後段，因為祥太對「偷竊」產生了困惑，他看到妹妹樹里也開始打著他們慣有的手印（偷竊前的密語）學習偷東西時，祥太感到害怕了，是恐懼妹妹樹里會失風被抓？還是不想讓樹里陷入和他一樣的困境？祥太竟然隨手抱起一包橘子往外衝，企圖引開眾人注目，也將自己的偷竊行為公開……。

最後祥太跳下高架橋逃命，橘子散落一地，這小偷家族的短暫幸福也象徵性的跟著崩落了，如果觀眾有注意到電影一開始時，柴田奶奶正在吃著橘子的畫面，就更能理解導演在這故事上的前後呼應。

關於橘子散落的意象，我直接聯想起一部重要的台灣電影《母親三十歲》（宋存壽導演），曾經紅杏出牆的母親（李湘飾）為了見兒子（秦漢飾），拚命地追著火車……最後悲劇收場，橘子散落一地，讓人印象深刻。當影片中賦予了食物象徵意義時，哪怕是一顆橘子，也能擁有它的期待與愛，橘子散落所賦予的影像震撼，比直接拍到火車撞人更讓觀眾心痛。

《小偷家族》一開始就很清楚的讓大家知道他們並非法定的／血緣上的一家人，但透過貧困又不時出囧的生活片段，卻看見他們擁擠且親密的關係，反而讓人感受到濃濃的家滋味。相較於老屋裡的溫暖，反而唯一出現在柴田奶奶前夫家的西式蛋糕卻顯得冷漠許多，雖然是享用大房子裡的高級蛋糕，但感受到的卻是人與人之間生疏的距離。

是枝裕和導演擅長在電影中埋入看似平淡的生活軌跡，尤其是食物，與享用食物的片刻，那真是對人生深刻的體驗。

小森食光—夏秋冬春：來自土地的療癒力量

城裡人說話和這裡不一樣，
我認為一個人說話應該要反映自身經驗，
以及從中得來的思考和感受。
我們只能對這樣的話語負責，
我很尊敬並信賴能說這種話的人。
但城裡人明明毫無經驗，卻自以為熟知天下事，
只會坐享其成，卻又口出狂言……。

這部電影，我猶豫了很久才看，因為那陣子心頭總有更著急的事要做，於是就這麼放著。直到某個連續的雨日，濕綿綿的被困在書房，窗外一片陰霾，雨水也降

低了暑末的燥熱，這樣的空氣特別凝重，反而可以讓心情提早進入一種秋意的沉靜，於是想到：就是今天吧！來看《小森食光》。

電影《小森食光》（Little Forest）是由日本漫畫家五十嵐大介的作品改編的，內容是作者在岩手縣生活時的真實經驗。因是親身體驗農家生活，所以故事的筆觸雖然淡雅不鋪張，卻能深刻地感受到土地與食物的脈動，以及清晰明確的生命痕跡。電影的手法也依循著原作的精神，拍得非常輕柔寫意。這部片意外的在雨天裡，陪我度過非常棒的午後時光，眼裡、腦海裡充滿著食物的清甜。

《小森食光》電影切分為上下兩部，共分為四個季節，依序為夏、秋、冬、春，分別介紹女主角市子在小森村的生活，重點尤其在她如何自力更生的栽種農作，並做出美味的料理，平均一個季節至少有七、八樣料理。故事的戲劇線，則是清清淡淡的在美食之間，吐露出她與母親之間的過往生活記憶，與母親不告而別對她產生的影響。

在這部電影中，食物強烈的結合了季節、氣候與土地，還有市子的記憶與當下

務農的心情。毫不花俏的拍攝手法，創造出屬於這部作品獨有的靜謐與幽美，因此分享也應當如此吧！（本文以夏秋篇為主）

夏

小森村，處在山中窪地，夏天特別濕熱，在這個季節種稻一定要努力的拔除雜草。市子滿頭大汗回到家，卻發現濕熱的氣候也快讓家裡發霉了，於是想到一招除濕的必勝技，就是開暖爐，藉由燒柴火的暖爐很快就把屋子烘乾了，但帶來的問題就是更熱了！

不想被雨天打敗的市子，又想出苦中作樂的法子，高溫高濕正好適合發酵麵糰，再加上爐火的餘燼大約二〇〇度，最適合烘烤麵包了，於是她開始做出第一道電影中的料理，就是「手作麵包」！看著麵糰發酵成白胖胖的模樣，最後被送進烤爐中，說也奇怪就好像在看慢電視一般，麵包出爐了，竟然也有種平靜的幸福感。

「米麴氣泡酒」也是這個季節裡的美味，同樣利用這種氣候條件，先用生米煮成粥，並在粥中加入米麴，放置室溫下，加入酵母菌促進發酵，天氣悶熱半天就可以喝。瀝出來的氣泡甜酒冰在冰箱裡，在忙了一天農事之後，真是最消暑的飲料。看著她在電影中咕嚕咕嚕喝下一大杯，我竟然也想去找出日本帶回來的清酒，一邊看電影一邊喝上幾口。

「胡頹子果醬」、「伍斯特醬」與「榛果醬」這三道果醬和沾醬，特別適合在夏日炎炎時搭配輕食，麵包、涼麵或燙青菜。市子透過採摘胡頹子果，讓我們知道了她與男友的故事，也透過製作醬料的過程，了解母親是她擅長烹飪的啟蒙者，在廚房裡一次又一次有意無意教導著女兒料理的竅訣和精神。

「料理是反映內心的明鏡，料理時要非常專心，不然會弄傷自己。」母親淡淡地說著。

市子與母親的關係非常微妙，母親與她相依為命，卻在她十八歲前為著理想或愛人而離開，讓她心裡存在濃濃的思念與說不出口的怨。故事中藉由一道一道食物的誕生，穿插著對母親與食物的記憶，那些都是母親在她成長過程中點點滴滴傳承給她的經驗。再加上母親總是為了哄她，而說出許多似是而非的話語，更增添了些許趣味。「小時候我都深信媽媽的話，但後來我才發現言語不可靠，我凡事都要自己親自試試看。」市子這麼說。

經歷過了求學階段，並在城市工作一段時間，市子在與男友分手後，還是選擇再回到小森村。

電影中的山居生活，樸實也務實，從自地耕種、上山採集或與鄰家交換等等，許多時候都不是靠金錢買賣來交易。當令當時的食物觀，與生活技巧都在這部片裡自然的成形。例如夏天的「蕁麻」料理，就是上山採摘蕁麻，扒開莖上的皮用水川燙，可以當涼拌菜。蕁麻根部剁碎加味噌和醋調味，會產生黏性，類似山藥泥，拌飯吃非常下飯。市子的一餐經常就是這麼簡單，完全來自當季山上與農地裡的新鮮食材。就算是「鹽燒紅點鮭魚與鮭魚味增湯」，也是因為去幫堂弟的魚塭工作，而得到的美食。

市子的堂弟裕太原本在城市工作，卻毅然決然決定要回到鄉下，不同於市子的感傷與逃避，裕太很清楚自己的選擇，他有幾段分享，也是很典型的透過配角傳遞出故事核心的技巧：

「城裡人說話和這裡不一樣，我認為一個人說話應該要反映自身經驗，以及從中得來的思考和感受。我們只能對這樣的話語負責，我很尊敬並信賴能說這種話的人。但城裡人明明毫無經驗，卻自以為熟知天下事，只會坐享其成，卻又口出狂言……」

「我不想成為別人替你殺生、你卻還滿口大道理的人。」

「離開這裡後，我才發現我的父母和小森居民有多麼令人尊敬，他們是實實在在的生活。」

幾段話，即已點出城鄉之間的差異與作者對於生命的態度。

夏日料理中，最後一段的「冰鎮番茄」，最契合市子故事裡的象徵！

番茄很強韌，吃完後將蒂頭丟進土裡，等到明年就會發芽。但它也非常脆弱，只要連日下雨葉子就會枯黃。因此多數人栽種番茄都會搭建溫室，但市子卻堅持要露天栽種，一方面是想挑戰自己的能耐，更心底的理由卻是：「我怕自己蓋了溫室，就更離不開小森了。」看到這兒，實在佩服說故事的人真的很懂食物。這番矛盾心情，也全然地與食物融合了。

看著一罐罐新鮮的蕃茄罐頭完成，可以慢慢當冰鎮番茄食用，或者拌炒義大利麵，番茄的酸甜與韌性，更加鮮明。

秋

木通果料理，乍看這果子名稱，在台灣還真沒看過，為此還去查了Google。「咖哩炒木通果」、「木通果鑲味噌肉」，在市子的料理記憶裡，結合了兒時的趣味，這果子青澀時果皮厚硬，等到成熟時，果實便自然蹦開，果肉甜美，但果皮非常苦，孩子經常會爬上樹梢摘取，與鳥兒爭食。

市子曾這麼形容果子的甜美：「這果肉的味道應該是日式甜點所要追求的美味呀！」但她卻叛逆的不甘於只吃甜美的果肉，反而想挑戰苦澀的果皮料理，雖然以前農家有時會把果肉挖空後，在中間鑲肉來炸，但市子卻大膽嘗試加了印度咖哩來調味。坦白說，看著這道料裡的過程，除了看出女主角肯定有些小倔強外，腦中始終盤旋著想像：到底是什麼樣的味道呀！

「胡桃飯」、「辣味醃魚」、「糖煮栗子」、「烤地瓜乾」等，都是秋天的食物。把新鮮的胡桃埋入土中，等殼腐爛變黑後，洗乾淨吊起來通風曬乾，烘烤後拿榔頭敲碎，取出核桃仁碾碎，加入米一起煮。10（米）：2（核桃）加上一小匙醬油和少許酒，就能煮出胡桃飯。

「糖煮栗子」也是簡單的加糖熬煮，但竅門是加一點酒更添美味，至於紅酒還是白蘭地則各有所好。

看著市子在農舍的廚房裡做出這些季節料理，似乎都不難，對於喜歡料理的觀

眾肯定看得很手癢，趕緊要抄下食譜。我也會忍不住想，這樣的電影真的很需要看心情，若鬆開了心，會很輕易被療癒，但若抱持著買票到電影院去看娛樂刺激的心情，應該會沒法被滿足吧！

因為我也是喜歡在廚房裡、食材上找生活、找靈感的人，所以就算看市子做出「西式燉菜，清炒時蔬」都覺得有趣，原來紅蘿蔔有競爭才長得好，雄株長得特別粗硬強壯，雖然口感比較粗，但香味濃，適合做燉菜。而霜降後的菠菜最是甜美，市子母親清炒時蔬特別好吃的秘訣，則是幫菜梗去筋……。

一邊看電影還忙著做筆記呢！

市子透過回到自力更生的農村生活，追尋著母親的料理腳步，她對母親的誤解與思念，透過料理一道道的釋放出來，也成為這部電影的隱藏版滋味。

四季的食物故事太多，農村裡的冬天料理還有：

「耶誕節雙色蛋糕」

「醬油納豆拌麻糬」
「鯡魚佃煮蘿蔔」
「味噌醬烤飯糰」
「香煎紅豆餡餅」
「麵疙瘩麵糰做的印度恰巴提」
「鹽漬嫩蕨」

春天料理則有：
「野菜天婦羅」
「款冬味噌」
「筆頭菜佃煮」
「鹽漬鱒魚野蒜麵佐白菜花蕾」
「高麗菜炸什錦」
「失敗的高麗菜蛋糕」

「西洋菜馬鈴薯沙拉」

「雁月蒸糕」

就算母親最後寫信來說明離家理由，是為了追求自己的生活與自由，但電影中並不說明市子最後到底有沒有原諒母親，反而是惦記著母親忘了告訴她關於「馬鈴薯麵包」的真正配方，這是母親答應她滿二十歲時要傳授的約定。但或許這也不重要了，因為她透過耕種與料理，相信已經在小森找到了屬於自己的配方。

《小森食光》不是美食節目，在電影故事裡不只分享了一對母女的生活秘密，還有植物的成長故事，以及廚房裡的魔法。這部上下集電影非常療癒系，也算是跟著大女孩、四季、土地一起成長的故事吧。

4・料理場上的人生競技

巴黎御膳房：尋找奶奶料理的美食記憶和溫度

料理越簡單越好，我不喜歡繁複的菜色，
以及太精緻、太過雕琢的食物。
我剛搬進來時，
甜點主廚為了討我歡心，
堅持用翻糖玫瑰裝飾甜點，
我恨死那些玫瑰了。
我總是井然有序的將它們放在一邊，
但他們下次又井然有序的回來了。
最後我只好寫一張便條，以便永遠擺脫它們。
我想重新喚回各種食物的味道，那些簡單、真實的食物。

「一份正式的餐點裡該有哪些菜？」

「開胃菜、主菜，以及收尾的菜，每道菜彼此環環相扣，有其順序和邏輯，如果少了最後的收尾菜，就只是一席大雜燴。」這段對話是《巴黎御膳房》（Haute Cuisine）中，女主角拉波利爭取為密特朗總統設計的套餐裡，加入最後一道「杏仁奶油」而據理力爭的對話。

如果你喜歡美食，尤其是法國料理，再加上你也愛料理，那這部《巴黎御膳房》應該會看得很過癮，過癮的不是電影的藝術表現，而是故事對白與劇情中滿滿的食材與料理手法，真是抄筆記都來不及。

《巴黎御膳房》改編自法國總統密特朗任內的一位私人主廚 Danièle Mazet-Delpeuch 的真實故事，她是愛麗舍宮第一位女廚師長，家中原本經營松露園，她跟著奶奶習得了一手好料理，後來也經營民宿，為許多外籍遊客介紹道地的法國料理，相當受到歡迎。有一天她突然被知名主廚推薦進到法國愛麗舍宮（總統官邸）成為總統的私廚，她有一個怪癖，就是做料理的時候，總喜歡滔滔不絕的把食材作法念出來，這個特質也讓這部電影意外地充滿了食物。

電影的敘事採雙線進行，一條主線是她進了總統官邸，成為總統私廚的過程，另一條主線則是她離開總統私廚工作後，隻身到南極為工作隊擔任廚師的故事。

「總統，我在這裡一切都很好……但我缺少方向，我不確定你喜歡什麼樣的料理？」

密特朗：「料理越簡單越好，我不喜歡繁複的菜色，以及太精緻、太過雕琢的食物。我剛搬進來時，甜點主廚為了討我歡心，堅持用翻糖玫瑰裝飾甜點，我恨死那些玫瑰了。我總是井然有序的將它們放在一邊，但他們下次又井然有序的回來了。最後我只好寫一張便條，以便永遠擺脫它們。我想重新喚回各種食物的味道，那些簡單、真實的食物。舉例來說，我喜歡你第一天做的香菇炒蛋。」

密特朗總統愛吃「香菇炒蛋」？真是讓人驚訝，因為只要鍵入密特朗總統與美食的查詢，看到的都是他愛吃生蠔、鵝肝醬與圃鵐（一種特別的小鳥，因數量銳減已禁止捕殺）。真實世界中的密特朗是個道地的法國老饕，在法國曾經有一種說法，若你不懂法國料理，那你也不可能治理好國家。這話雖然極端了點，但也凸顯法國人對自己料理的驕傲，以及歷史上許多君王、總統都是美食家，逐漸累積出了懂得享用美食也是一種基本的文化素養，料理極致了就是藝術。

當然，拉波利做出的香菇炒蛋，絕對不是我們在廚房裡三兩下炒出的料理，她非常重視食材的來源，她出身農家，家裡經營著名的松露園，深知食物與土地的味道，因此非常強調每一種食材的產地，她不願意用中央廚房送來的食物，而堅持要跟農家訂貨，所以她做出的菜餚總有著長長的菜名。說也奇怪，有了出生地的草菇、蛋、紅蘿蔔、雞肉、魚，就算只有「聽跟看」，好像也讓餐盤裡的食物跟著鮮美立體了起來。我想那也勾起了我們腦海中曾經有的食物記憶吧！我還記得小時候跟著媽媽上菜市場，她總能說出哪裡種的芭樂、鳳梨、蘋果、高麗菜、蘿蔔……最好吃，如果要買雞

要去哪一家，因為他們是如何如何飼養……。

密特朗總統懷念來自家鄉的味道，他也懷念奶奶做的食物，象徵著食物的真滋味與某種深刻的生命記憶，而這正是拉波利所擅長的，為了不負使命，也用盡心思烹調出有道地家鄉味的法國料理。她會親自與總統討論食物，也不斷思考如何料理才能展現食材真正的鮮美原味。就算只是一道甜點「聖歐諾黑泡芙塔」，她也不願意用現成的大廠牌奶油，堅持要用姥姥的奶油餡，協助她的副廚開始還一頭霧水，後來才懂原來是要回到農家當年手作奶油餡的步驟現場製作。

副廚在拉波利的調教下，也開始懂得思考食物的本味，例如吃到別的主廚做出的「巧克力香草千層派佐苦甜香橙甘納許」，他也會評比：「香草加苦甜香橙沒有意義，因為吃過香草豆莢的人就會知道，香草是苦的，所以再加上苦甜香橙是沒有意義的，但他的技術真是精湛，可惜做出的甜點沒有個性。」

最後副廚自己做出了一道杏仁奶油，讓拉波利讚不絕口，但拉波利提問：唯一的問題就是果凍會不會加太多了？沒想到副廚解釋：「果凍增添了一股花香，平衡了奶油的苦甜味道，這味道讓我想起小時候吃的糖果，這甜點帶我們回到孩提時光，回到還沒有雷根糖蛋糕，和焦糖冰淇淋的時代。」於是師父拉波利露出了滿意的表情：「我們成功了！」

在這電影中，有許多的做菜過程，都來自主廚本人所提供，所以並非編劇瞎寫的，所以料理的細節很多，既具體又充滿關鍵的提點。

說了很多食物，拉回故事角色，這麼傳奇的真實故事，當然不會一直甜美下去，最後逼著她離開這工作的兩大原因，就是長期被宮廷大廚房打壓（階級）與歧視（性別），還有密特朗總統生病了，飲食必須接受嚴格的控制。

故事一開始就提到，她是法國第一位宮廷女主廚，一個女人侵踏進入了封閉且充滿階級意識的男人圈，可想而知所面對的衝撞有多大，更糟的是大老闆總統喜歡吃她的料理，更讓原本的大廚房面子裡子盡失，因此他們不只不配合拉波利，還處處與之作對，甚至在總統想吃生蠔料理，卻必須延後行程時，也不願意借出大冰箱，寧可看著她出糗，期待食物壞掉。

宮廷大廚房甚至給拉波利取了一個綽號：杜巴利。年輕的廚師還沒弄清楚狀況，以為杜巴利指的是專產鵝肝醬的杜巴利莊園，沒想到他們是暗指法王路易十五的情婦杜巴利伯爵夫人。美麗的杜巴利夫人出身底層，曾經當過妓女，後來一路攀上權貴當了路易十五的正式情婦，最後被送上斷頭台。她的故事或角色隱射常出現在法國電影和文學中。宮廷廚房一干大男人嘲笑拉波利是杜巴利，無疑是對她人格上的嘲諷與貶抑，凸顯拉波利的處境艱困。

另一方面，總統生病了，因此出現了醫療團的介入。根據歷史記錄，密特朗總統罹患的是前列腺癌，而且在他上任沒多久後就發現了，最後也因為此病而離世，雖然他已經是在位最久的法國總統。醫療團不准拉波利使用任何醬汁，就連熬肉湯都不行，只能執行清淡與清蒸料理，每一道菜單的內容與料理方式都必須報告，種種限制對一個廚師來說真是非常大的考驗與扼抑。就連嗜吃美食的總統也受不了，還上演了一段總統半夜偷偷跑進廚房，要了一份海鹽松露麵包片的劇情。（黑松露下得實在太豪邁了，真是奢華！）

拉波利最後引用了孟德斯鳩說的一段話：「太過嚴苛控制食物，活著也是活受罪。」於是，她選擇離開總統私廚的工作。

我一直沒有提到這電影故事的另外一條南極線，雖然全片是用雙線交叉進行，創造出宮廷華麗與南極冰天雪地下簡陋廚房的對比，但南極線與其說是主線，我倒覺得是藉以烘托宮廷戲的綠葉，因為其中唯一的主要配角是一名前去採訪的記者，她發現了不一樣的拉波利，進而想採訪她，因而延伸出拉波利曾經身為第一位法國宮廷女主廚的故事。

在這段發展中，當然也讓我們看到了一個真正的廚師，對料理的堅持與理想，就算是到了食材匱乏的南極，她還是堅持該有的料理與態度，盡其所能的替許多研究員和工人做最好的餐點。但對比過往，女主廚還是充滿著濃濃的喟嘆，那裡畢竟才是她最有成就感的舞台。

美味關係：闖關成功也跨越不了的文化距離

同樣面對人生的困境，尋找自我價值，茱莉亞．柴爾德對食物則是存有著近乎崇拜的喜悅，她曾說：

「我可是朋友中唯一一個在巴黎覺得買菜和買衣服一樣有趣的美國人！」

電影《美味關係》（Julie & Julia）的票房，應該可以擠進泛美食電影的前幾名吧！尤其是梅莉．史翠普的精彩演技，讓這部電影被打亮了起來！這也反映在許多影展的獎項上，這部電影所獲得的肯定幾乎都是「最佳女主角獎」，無它。

故事橫跨兩條時間線，彼此交錯進行，兩大女主角分別是梅姨所詮釋的角色，美國傳奇美食作家，也是電視料理節目主持人茱莉亞．柴爾德，她身材高大，樂觀爽朗，對美食完全無法抗拒。一九四九年開啟的劇情，是茱莉亞跟著外交官老公搬到法國的生活，隨著老公在異國四處輪調，讓她找不到生命的重心，雖然她的老公保羅非常愛她。但不懂法語又不熟悉當地文化，還是讓她一開始在法國就像個局外人，還好法國料理拯救了她，也促成她展開了法式料理書的寫作計畫，希望將法式料理的精神與方法分享給更多美國人。

另一條故事線進行的則是二〇〇二年的現在進行式，艾美．亞當絲飾演的茱莉．鮑爾，原本是文學雜誌編輯，想寫小說卻沒有出版社有興趣，她的現職是個小公務員，負責接聽各種關於美國九一一後民眾申訴電話的前線人員。茱莉自覺懷才不遇，又每天承受著來自電話那頭受災民眾的負面情緒與抱怨，讓她覺得生命很空虛，雖然她也有一個很愛她的老公艾瑞克，但還是需要找到肯定自己的方法，於是她決定要開始寫部落格，主題就是以一年三百六十五天的時間，挑戰茱莉亞．柴爾德的經典料理書《掌握法式烹飪藝術》中的五百二十四道料理。

於是這部電影開始以華麗又熱鬧的方式，展開了兩個時空下，兩個女人的料理競賽，但競賽者不是別人，都是自己。有趣的是，這是真實故事改編，編劇取材自她們兩位真實人物的相關書籍與報導，重新串連起電影故事的結構。

由於這部電影很熱門，相信喜歡美食的影迷對這個故事應該都不陌生，所以我想倒著來談談這部片。

茱莉・鮑爾為自己訂下的挑戰目標，也是整個故事的推進器，就是念茲在茲的三百六十五天完成五百二十四道料理，這計畫看似挑戰不可能的任務烹飪篇，再加上好看（大卡司）又好吃（美食烹飪），非常迎合好萊塢類型電影片商與觀眾的期待。但去看看網路上的許多觀影分享，卻總是對故事的結尾有些不滿意，甚至頗為困惑。因為茱莉・鮑爾除了完成料理的挑戰外，另一心願則是希望能與偶像茱莉亞・柴爾德見面，並為她料理一頓晚餐。但這個心願被用力提起，卻沒有如願，甚至還點出茱莉亞・柴爾德對於這位小輩的作為有點不以為然，可是電影故事卻也沒有多作解釋，然後就在歡樂派對中結束了。

這樣的電影故事結尾，加入這個沒有理由又不完美的插曲，對習慣商業電影的觀眾來說，應該很不適應，因為既然是圓滿結局的故事，為何還要放一槍遺憾？

談這問題，便要回到整部電影面對料理與食物的態度，相較於法國或中國、日本、印度，美國一直以來可以說是沒有什麼飲食文化的國家，過去曾經流行過罐頭與冷凍食品，現在則是充斥著各種速食。茱莉亞．柴爾德當年希望向美國人介紹法國料理，就是希望能夠讓大家有機會享受生活、體驗食物的美好，與法國料理的精湛之處。但茱莉．鮑爾雖然視茱莉亞為偶像，並且認為烹飪過程可以改變她的人生，可是她選擇的體驗方式，卻是壓迫自己用最短時間把茱莉亞十多年的精華完成一遍，以取得一種闖關／競技式的成就。

茱莉．鮑爾想以一年完成五百二十四道茱莉亞．柴爾德的法式料理，表面上是為自己的困境找尋出口，但當她在網路上得到成就感之後，似乎也把自己推入了另一種危機，她汲汲營營的只在乎能不能達標，自己能不能成為暢銷作家，網友喜不喜歡她等等。雖然雙手瘋狂地做著法式料理，但對於料理的精神，以及食物的態度，卻絲毫沒有走進法國的飲食文化，更遑論料理的內涵，反而把食譜的實作做為闖關的最終目的，完全是麥當勞式的速食消費文化與網路焦慮症的結合。

有幾場戲讓我印象深刻，其中一場是「肉凍」，茱莉因為一直做不好肉凍，她的肉凍總是無法凝結，於是她就在廚房裡發飆，罵茱莉亞是騙子，抱怨廚房太小，抱怨水管，抱怨老公……而無法凝結的肉凍則是一盆盆的直接倒入水槽……，我相信這橋段設計，應該是要呈現出她承受的壓力，但對於一個小公務員，這些頂級食材就算沒有達到理想目標，也不至於要當垃圾處理，然後暴哭哀怨自己。

另一道「諾曼地嫩烤雞」，她則是焦躁的只想把所有食譜上交代的餡料塞進雞腹裡，因為動作太過粗魯／急躁，於是整隻雞掉到地上，那些昂貴的餡料全都灑了出來，活像一坨坨的大便，然後她近乎歇斯底里的又把它們塞回雞腹，再一次崩潰……。

同樣面對人生的困境，尋找自我價值，茱莉亞．柴爾德對食物則是存有著近乎崇拜的喜悅，她曾說：「我可是朋友中唯一一個在巴黎覺得買菜和買衣服一樣有趣的美國人！」

但現代的茱莉．鮑爾不是，她只在乎怎麼對網友交代。就連劇中一再提起的招牌「紅酒燉牛肉」，茱莉第一次嘗試時，因為太累睡著了，於是整鍋都烤焦無法食用。第二次看起來非常美味，色澤也很漂亮，應該是成功的，可是她老公艾瑞克卻得自己再加上糊椒鹽才覺得好吃，其實是再一次失敗了。

但同樣一份食譜，在四十年前卻讓出版社編輯在自家廚房一試成功，大為感動，於是決定出版茱莉亞．柴爾德的書。

所以不好吃的原因不是食譜有問題，而是茱莉．鮑爾的態度。而這態度正好也暗示著料理精髓與飲食文化，絕不是表面上的配方比例與技術操作，還有更重要的東西，茱莉顯然沒有領會。因此在故事最後，茱莉亞．柴爾德不願意見她，甚至表示了些許的不滿，覺得她太輕浮，不懂料理，我想也不難理解了。

至於這是不是編劇意識到的料理文化差異，或只是歪打正著就不得而知了。至少再次看見美國人真的不太懂吃，遇到美食大抵的台詞都是真好吃！太棒了！我超愛的！這部分法國與日本電影就比較勝出，超越的不只是美食的語彙，還包括來自文化的底蘊。

回到電影，這部片若以商業片看待，還是操作的相當流暢且受歡迎的故事，至少是非常符合好萊塢的主流電影敘事結構，主角遇到困境，然後不斷突破，親情愛情的支持，最後憑藉著毅力與勇氣，克服困難，迎接喜悅。但我在看電影的過程中，被吸引的卻是其中一些有意思的背景符號。包括特定的歷史時間點、社會階級、性別歧視，以及政治意識型態。

茱莉亞·柴爾德抵達法國的時間點是一九四九年二戰後。她與丈夫的命運轉折點是碰上了麥卡錫主義的壓迫，他們因為曾經到過中國工作，而被懷疑具有左傾或與共產黨有關係，甚至還被懷疑是否為同性戀？這都是那個恐怖年代裡受難的指標。而她在學習法國料理的過程中，也很明顯的遇到了性別歧視，與對異國人的排斥。

茱莉·鮑爾她出現的時間點，則是美國經歷九一一後，準備重建的時期，而她是第一線的公務人員，每一通電話說的都是遭遇浩劫後的心靈創傷，與生活困境，甚至是重建過程中的官僚、不公不義。

就連她與幾位女性好友聚會時，也不像慾望城市中姊妹淘的私密分享，而是充滿了女性對物慾的崇拜、嚮往，與社會階級的差異，她的朋友皆屬菁英、白人、有錢人、上流階級……，因此像個倒霉鬼的茱莉在其中最為尷尬。但更囧的莫過於她也被來自更底層的受災戶咒罵為「資本主義文書笨蛋」！

這些非美食、非料理的社會背景，穿插在整部電影中，也成了看這部電影時的弦外之音。忍不住想，若能將這些已出現的象徵符號和意識型態，與主旋律的瘋狂料理更融合些，會不會讓這部電影變得更精彩呢！（「不！」我似乎已聽到製片狂吼，「賣座最重要！賣座才是王道！」）

料理鼠王：超現實的人鼠狂想曲

美食就像吃得到的音樂、聞得到的色彩。
膽小的人做不出美食，你必須有想像力和勇氣，
必須勇於嘗試不可能的事物。
別讓別人限制你的可能性，唯一能限制你的只有你的心。
料理非難事，不過只有勇者會成功。

《料理鼠王》由皮克斯動畫團隊製作，是非常受歡迎的動畫電影，電影主角是一隻擬人化的動物小米，對……就是老鼠，這隻擁有極佳嗅覺與料理天份的小米，在電影故事中，歷經童話般的冒險歷程，從地下水道的鼠群家庭，一路登上法國巴黎頂級餐廳，最後成為大廚。

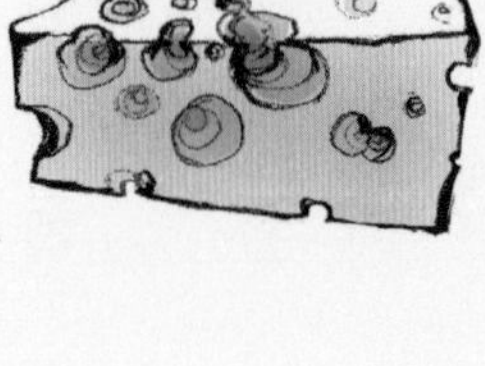

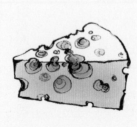

光這套戲劇衝突夠瘋狂了吧，老鼠與蟑螂應該是所有家庭主婦與廚師最不希望在廚房裡見到的動物，但牠卻可以烹飪出讓人們心動又食指大動的料理。高度悖離現實的戲劇性衝突，非但沒有讓人作嘔，反而成了老少咸宜的賣座片，就連電影的原片名《Ratatouille》指的還是一款難登大雅之堂的法國鄉下菜：普羅旺斯雜菜燴。這道 ratatouille 的概念其實很簡單，就是每個家庭的廚房裡總會有一些吃不完的菜，尤其是在鄉下地方，許多蔬菜都是自己栽種的，收成時量很多，難免一時消化不完，因此許多媽媽會把這些已經熟了又吃不完的蔬菜放在一塊燉煮，並加入香料一起煮得軟爛容易入口，不只可以當配菜沾麵包吃，又能加到麵條上當拌醬。

這部電影最後結局，小米大廚就是靠著這道普羅旺斯雜菜燴收服了法國最刁嘴的美食評論家 Ego。Ego 英文意思是自我，電影的中文翻譯更是有趣，不取音譯，也不取意譯，而是喊他「柯伯」，柯伯音同「刻薄」，知道他有多難搞了吧！沒寫過劇本的觀眾，大概很難想像在電影中，重要角色的名字可都要斟酌再三，絕不是張三李四隨便喊喊。

以人人喊打的鼠輩，以鄉下媽媽的雜菜燴，登上法國食神餐廳，並讓頂尖的美食家臣服，這樣的極端故事對比與際遇應該只會在電影中出現，尤其打破種族（人鼠）、階級歧視的情節，動畫電影能發揮的想像力與突破，通常又比真人電影更瘋狂，所以對很多人來說，這部電影應該會讓大家看得很爽，頗能讓一般觀眾在輕鬆的心情下，把在現實生活中受到的階級歧視與受壓迫的情緒消化掉一些。

尤其主角除了小米（牠是鼠界的天才，卻如同其他鼠輩一樣，不斷被人類圍捕，甚至想要撲殺牠們）之外，還有另一個年輕廚師小林，他雖然是人類，但應該算是徹底的魯蛇，非但沒有做菜的天份，還是個其貌不揚又缺乏自信的小男人，他因媽媽去世後的一封信，才有機會進到食神餐廳。雖然收信的對象（食神餐廳的真正主廚）也剛剛離世，但餐廳的現任大廚還是勉為其難的收留了他。不過大家都沒想到，原來這封信揭露了小林的真正身世，他就是已逝大廚的親生兒子，也就是這家餐廳真正的繼承人。

故事背景鋪陳到這兒，熟悉好萊塢故事的觀眾肯定早已猜出劇情會怎麼發展了，魯蛇男配上天才鼠、美麗的副廚、壞心的大廚、刻薄的美食家，還有一大群老鼠家族，就這麼展開了一場想像力超現實、故事結構卻又不陌生的美食戰役。

但我對片中的「權力」關係，其實是更有興趣的。

擬人化的鼠群，也有著接近人類一般的社群與組織，領頭的鼠王正是小米的爸爸，牠強壯、老練、沉穩，總是警告著鼠群要遠離人類，人類就是敵人！所以牠們只能在黑夜出沒，去吃人們不要的殘羹剩菜。小米的哥哥長得也很高大，但牠貪吃，什麼垃圾都不在乎，所以算是一隻胖鼠，而小米則相形瘦弱，牠不願意吃腐臭的食物，縱然有著敏銳的嗅覺與對食物細膩的感受力，但在鼠群中卻毫無用武之地，諷刺的是，老爸反而還指派他當鼠群裡的毒物檢查員，確保大家帶回來的廚餘、腐敗食物裡沒有毒物。

「我不想吃垃圾，我們為何不吃美食？如果要當小偷為何不偷好吃的食物？」小米內心不只一次吶喊著。

這樣的群體與社會階層的關係，若把動畫裡的老鼠換成生活在最底層的人，大概也不會有違和感。

「我只能成為老鼠嗎？」小米問爸爸。

爸爸毫不猶豫地回答：「是，天性不能改變。」

「不！改變才是天性。爸，我們能選擇是否要改變，只要我們下定決心。」說完小米轉身離去。

「你要去哪裡？」

小米沒有回頭，「幸運的話，我想往前進！」

小米雖然懷抱幻想，但現實還是殘酷的，老鼠還是四處被人厭惡排擠。就算牠想一展廚藝，還是只能躲到小林的廚師帽裡，靠著拉動他的頭髮來指揮小林做菜，縱然小米有神乎其技般的料理天份，牠的身份在人類社會就是不能曝光的存在。因此當牠有幾次從帽中跑出來時，無論是意外或被小林丟包，瞬間又回復到了人人喊打的鼠輩。每一次的逃命，都是最殘酷與卑微的求生時刻。牠的能力展現也必須依賴著小林的配合。

而小林這個一事無成又沒有料理天份的年輕人，一開始只想混口飯吃，有份工作就好，但因為無一技之長，很快的就成為大廚房中被鄙視的對象，直到小米成了他的夥伴，成為他廚師帽裡的神明。不過等到他終於因身份曝光而贏得了餐廳的繼承權後，也想擺脫帽子裡的小米。有一次小林還把小米從帽裡丟出來，大喊：「我不是木偶，你也不是操縱木偶的人！」彼此的關係昭然若揭。

其實他們倆都有著難以突破的困境，小米必須依賴小林的權力給予，小林自己何嘗不是靠著來自父親的權力關係而得到餐廳，他們都是無法靠著自己立足的人。但巧妙的是，說故事的角度轉一下，他們就成了打破階級束縛的英雄了。尤其最後那道普羅旺斯雜菜煮的反撲，更是直接了當，副廚樂樂乍聽小林要以燉雜菜來給美食家品嚐時，忍不住瞪大了眼睛，怎麼會選這道菜呢？「這是鄉下人吃的。」樂樂脫口而出。但這就是小米選出來的菜，是電影故事最後為這小老鼠廚神首選最政治正確的料理，如果觀眾更細心一點，就會發現「Ratatouille」前面的字母「Rat」正是老鼠。

《料理鼠王》能成為賣座電影，很多人把這部電影當勵志片來看，尤其食神主廚的至理名言：「料理非難事，人人都可以料理」，更是給了老鼠小米一劑強心針，大家都有平等的機會！不只老鼠有機會成為廚師，原本因為女性身份被打壓的副廚樂樂也有機會當上主廚，每個角色都有機會平反，活出自己的尊嚴。就像很多人認為高級料理很高尚，所以大廚們也一定像是時尚雜誌裡的型男主廚一樣帥氣優雅。可是在這電影裡，他告訴你，不，每個人背景都很不一樣，副主廚坐過牢，因為詐騙搶劫；還有人是反抗軍；有人詐賭……，真正的廚師是藝術家，不只是煮菜的人。

食神古斯多說：

美食就像吃得到的音樂，聞得到的色彩。膽小的人做不出美食，你必須有想像力和勇氣，必須勇於嘗試不可能的事物。別讓別人限制你的可能性，唯一能限制你的只有你的心。料理非難事，人人皆可料理，不過只有勇者會成功。

而美食評論家柯伯吃了小米的普羅旺斯雜菜燴之後，也反省謙卑地說出了：

就許多方面來說，評論家的工作很輕鬆，我們冒的風險很小，卻握有無比的權力，人們必須奉上自己和作品，供我們評論，我們喜歡吹毛求疵，因為讀寫皆饒富趣味，但我們評論家得面對難堪的事實，就是以價值而言，我們的評論，可能根本比不上我們大肆批評的平庸事物，可是，有時評論家必須冒險去發掘並捍衛新的事物。

這世界常苛刻地對待新秀、新的創作，新的事物需要人支持，昨晚，我有個全新的體驗，一頓奇妙的菜餚，來自意想不到的出處，如果說這頓菜餚和它的創作者，挑戰了我對美食先入為主的觀念，這麼說還太含蓄，他們徹底地震撼了我，過去我曾公開嗆聲，對食神著名的名言「人人可料理」嗤之以鼻，不過我發現，現在我終於真正了解他的意思。

並非誰都能成為偉大的藝術家，不過偉大的藝術家，卻可能來自任何角落，現今在食神餐廳掌廚的天才們，出身之低微，令人難以想像，依在下的看法，他是法國最優秀的廚師，我很快會再度光臨食神餐廳，滿足我的口腹之慾。

這整部電影都瀰漫在食物料理之中，雖然食神與美食家都提出了對美食與料理的想法，但真正的料理精神到底是什麼？為什麼 Ratatouille（普羅旺斯雜菜燴）能打動嚴苛的美食家柯伯呢？

其實答案早已在電影裡出現，所有類型電影大概都會遵照著一個概念，故事的頭尾要能相呼應，才能讓觀眾得到滿足。回想一下當柯伯吃下第一口Ratatouille時，除了露出享受美食的表情外，電影也在此時穿插了一段他的童年回憶：心靈受傷的小男孩回到家，媽媽煮了一道熱騰騰的雜菜燴Ratatouille給他吃，媽媽的愛讓他的身心得到鼓舞。而小米所料理出的這道菜，就是讓刻薄的美食評論家重新找回兒時的記憶和溫暖。

為什麼老鼠小米有這能耐呢？除了他的料理天份外，還有一個重要的梗就是影片一開始時，就說明了小米是在一位愛料理的老奶奶家接觸到食神的食譜和他的電視烹飪節目，眼尖一點的話，你會發現老奶奶家的廚房陳設，和柯伯兒時的家是一樣的，這當然不是巧合，肯定是故事的劇本設定！

所以，關於打動人心的料理滋味，還是又回到了食物記憶與情感記憶這萬變不離其衷的核心精神！

食神：虛實之間的人性料理

廣告詞是假，消費者是真；
食神是假，爆漿撒尿牛丸是真；
中國廚藝學院是假，少林寺廚房是真；
權力是假，情義是真！

電影《食神》是提到電影中的美食競賽時，我很快會想起的一部，一九九六年周星馳的代表作，二十年過去，偶爾還是會在有線電視的電影台裡看到。周星馳的電影常在電影票房與電視收視率上同時創造佳績，而且不斷重播的收視率還是維持得很好，這是很難得的狀況。

任憑嬉笑怒罵，再加上詛咒現實的周氏喜劇風格，應該是港台觀眾都很熟悉的話術，那些尖酸刻薄卻又讓人哭笑不得的台詞，句句指桑罵槐直指權勢階級，又不時調侃裝模作樣的偽君子，這些話聽在小老百姓耳中，很是紓壓，套句星爺的話，真是太爽了！所以有一段時間台灣有線電視的電影台新片買得少時，最常用周星馳的電影來頂時段，雖然常被民眾罵，再播我們都會背台詞！但有趣的是，電影台播了，收視率還是好。

《食神》一開場，沒有滿漢全席，起手式反倒是落在一碗雜碎麵上。一晚，落魄的史蒂芬周（周星馳飾）到了市場的小麵攤上，直接點了碗雜碎麵，而長相奇醜的老闆娘火雞（莫文蔚飾），相當粗魯的三兩下就把麵遞給他，沒想到周才吃了一口，就來了一段辛辣小段子：

妳的鹼水麵沒有過冷水，所以麵裡全是鹼水味；魚丸也沒有魚味，妳為了掩飾，特別加了咖哩，但妳太天真了，因為煮的時間不夠，味道只留在表面而沒有進到魚丸內，湯一泡就被沖淡了。

好好一份咖哩魚丸，被妳做得既沒有魚味又沒有咖哩味，失敗！

蘿蔔沒挑過，筋太多，失敗！

豬皮煮太爛，沒咬勁，失敗！

豬血太鬆了，一夾就散了，失敗中的失敗！

最慘的就是大腸了，裡面根本沒洗乾淨，還有坨屎……

老闆娘火雞不示弱，立刻回嘴：

既然是雜碎麵，有兩塊屎又怎麼樣？拿面紙擦擦吧！

這樣的電影開場，不只與美味無關，更是讓人倒盡胃口，乍看盡是諷刺底層粗食與卑微的人生，何嘗不是對他們兩人當下生命處境的嘲諷。周星馳的犀利不只砍殺敵人，對自己飾演的角色也是絲毫不手軟，踐踏再踐踏背後，經常可以感受到作者冷冷的站在一旁看著這一切，眼角不知有沒有一丁點淚光。

雜碎麵，是電影《食神》的開場，也是電影中讓食神從雲端上墜落地獄的關鍵食物，在史蒂芬周最意氣風發的時候，他傲慢無禮，待人苛刻，以權勢修理人不手軟，更糟的是他已經忘了廚藝與料理的真價值，反而是用盡宣傳包裝手段行詐騙之實。在一場分店開幕的記者會上，他被自己的手下和勁敵出賣，栽在一碗雜碎麵上，而上述的台詞，也就是他當時被批評的話語，透過誇張嬉鬧的演出，更是殘酷的對照。

在記者會上食神自知理虧而無力反擊，那天他失去了一切榮華名聲；而在夜市麵攤上，他沒接下老闆娘的面紙擦掉大腸裡的那坨屎，反而是厚著臉皮要求：給點錢吧！甚至還不惜秀出自己曾經是「食神」的那張臉，來乞討。這樣的劇情若是寫實手法的呈現，應是暗黑系的沉重，但周星馳總是有辦法嘲弄著人性的卑劣與戲劇手法，讓這一切成了荒唐鬧劇，其實底子裡現實的刀是砍得刀刀見骨。

整部電影，以搶奪食神寶座的美食競賽為主軸，有競賽就有評比，自然就得對料理提出觀點，這部分當然也是這類電影好看之處，讓人著迷的日本動漫《中華一番！》已是其中代表，主角小當家的料理精神與評審誇張評比的嚐味舉動，都已經成了這類戲劇的仿效原型。

例如在《食神》中，有一場戲中戲的廚藝競賽相當瘋狂，乍看史蒂芬周非常瀟灑的當評審，面對各路廚師的大菜……

「皇帝炒飯」──把飯鑲入蝦裡蒸熟，再以極品食材鮑魚、官燕料理。食神卻說這炒飯味道雖好，可惜飯太軟，只顧強調食材，卻忽略了炒飯最基本的嘗試就是應該要用隔夜飯！零分。

「錦繡多味魚」──廚師把五種珍貴魚肉切下，重新拼成一條魚再做烹調，讓人一道菜可以吃到五種魚的口感。食神卻連嚐一口都不願意，直接批評這魚的樣子就像受了輻射污染，名副其實的多餘（魚）！零分。

「金縷佛衣」──刀工精細的一道素菜，大廚用豆腐雕了一尊臥佛。

食神稱讚完刀工後，問大廚：「花了多少時間雕呀？」大廚回答，一天。食神大罵，你只顧雕豆腐，用了一天完成一尊佛，但你的豆腐也臭了呀！零分。

「乾坤燒鵝」—食神一碰燒鵝，直說零分！因為燒鵝已經冷了。但這時大廚卻把燒鵝切開，露出熱騰騰的禾花雀料理，這驚喜總該得獎了吧！

但食神遲疑了一下，還是給零分，因為廚師樣子太醜，一副凶神惡煞模樣。醜也有錯？是呀！因為食神說，廚師也要考慮食客的細緻心理反應，像這樣的廚師把菜送上來，實在令人食不下嚥。

評審結束，食神開示：「廚藝之道，最重要就是一個字：心！只有用心才能做出最好的菜。」

於是他現場露一手「彩虹鮮花拔絲」！讓現場廚師們大開眼界，試吃後紛紛大嘆：太好吃了！

這場戲的評比觀點，沒有什麼不對，甚至相當政治正確，以誇張的情節暗諷了當下料理界越來越偏差的亂象，廚師們經常只為了追求花招表象而忘了料理真髓。但若只是諷刺，那還不是周星馳，最後他真正要推翻的其實是自己，是更多數鄉愿的偽君子，也是看電影的觀眾！

原來這一切竟是一場戲，是為了打造食神真懂料理精髓的一場演出節目。整套都是安排來的，劇情的設計都是演員演出加上節目後製的剪輯，就連食神讓人感動的用心料理「彩虹鮮花拔絲」也是假的，拔絲是水晶膠加上雙氧水做的。

還記得當年第一次看完這段劇情時，我實在對周星馳感到太好奇了，參與創作演出的他到底是怎麼看待人性和自己？他是那麼銳利的抓住人性的弱點，嘲笑並翻弄它，然後又若無其事的哈哈幾聲狂笑後，走開。

「我就是讓你們猜不透！讓你們這些笨蛋猜到，我就不是食神了！」

我忍不住想，他心裡更想說的會不會是：我就是讓你們猜不透！讓你們這些笨蛋猜到，我就不是周星馳了！

電影《食神》，彷彿是一場遊戲在虛實之間的人性料理大賽。他戳破了料理行銷界的暗黑手法，什麼刻骨銘心的大骨，濃情化不開的血，情比金堅的炸豬皮，一生只愛一次的魚丸，天長地久的韓國野生蘿蔔，無限纏綿的麵……十足耍嘴皮子的周氏台詞，但回到現實，這還真是行銷手法，而且是消費者愛聽的。

廣告詞是假，消費者是真；食神是假，爆漿撒尿牛丸是真；中國廚藝學院是假，少林寺廚房是真；權力是假，情義是真！

情和義，是電影故事裡的另一條主線。

麵攤老闆娘火雞對食神的情義是電影裡難得的真情。火雞姐幾番為了救史蒂芬周，身陷險境。但就如同她愛唱：「情和義，值千金，上刀山下地獄有何憾，為知己，犧牲有何憾……」她對食神的愛是誰都擋不了的，哪怕史蒂芬周落魄的寄居在市場時，對這些市場裡的俗人其實是充滿鄙視的，他眼裡依舊只有權與利，但火雞姐還是無可救藥的崇拜他。

階級歧視始終是現實的存在，在食神眼中就像是滿漢料理與雜碎麵，如何能擺在同一張桌上呢？就像有場戲，市場裡大家想著要合夥開一家專賣爆漿撒尿牛丸的店，幾個人幻想著：如果我們有錢之後……火雞姐想的是可以買一組新的卡拉ｏｋ了；市場老大笑火雞笨，當然要買房囉，可以當包租公；食神則笑兩人呆，有錢當然是繼續開分店，一間變兩間，兩間變四間，四間變八間，然後上市、炒股票、買地皮……

一場戲一分半鐘，三人即是現實，即是社會。

以競賽為背景的故事，最後勢必要來一場總決賽，美食競賽如是，賭神大賽、摔角大賽都一樣。《食神》最後一戰也一樣要壯烈，這時候的史蒂芬周經歷了生命的大起落，白了頭髮，也不再嬉笑耍寶，因為火雞為了救他而犧牲了，而他在少林寺廚房也終於悟到了真正的廚藝精神！

大賽上，食神要與當年背叛他的敵人對戰，比賽菜色是「佛跳牆」。這場料理大賽過程中，倚天劍對上屠龍斬、祥龍十八炒對上打狗鏟……對白看得我忍不住笑，這台詞要是外國人看一定一頭霧水，翻譯大概都會詞窮吧！

最終，對手當然是使出暗黑手段毀了史蒂芬周的料理，當一無所有後，比賽只剩兩分鐘，食神自問「什麼才是真料理？」於是他用盡全力使出黯然銷魂手，做出了一碗「黯然銷魂飯」，乍看是很簡單的一碗叉燒飯加荷包蛋！但那是他對火雞姐情深義重的犧牲與愛，所能給予的至深回饋。

叉燒飯如何對抗塞滿山珍海味燉煮的佛跳牆？劇情至此若硬要轉到開心大結局也太難了，因此裁判雖然從這碗飯裡吃出了真愛，但仍迫於權勢將食神獎牌給了對手。

「根本沒有食神，人人都是食神！」

心碎又憂鬱的史蒂芬周終於說出了他對料理的真心體悟。但這部電影在當年可是聖誕節檔期的大片，結局當然不能那麼落寞，既然要皆大歡喜，結局的逆轉勢必需要神來一筆的創意。

果真《食神》最後的結局是神來一筆，真的有神來臨也。觀音菩薩降臨，揭秘史蒂芬周原是掌管烹飪的天神，因為觸犯天條而下降凡間，現在他終於體會到了吃的精髓……總是大好結局呀！惡人終得惡懲，好人等得善報，愛人重生成眷屬。

笑笑哭哭兩小時，這電影談料理嗎？

還真是徹頭徹底的進廚房，電影是料理手，人性彷彿是蝦肉泥凍，被包裹在嬉笑怒罵的劇情牛肉裡，看這部電影就像是咬下了周星馳特製的「爆漿撒尿牛肉丸」，大快朵頤間，他所捕捉的人性弱點隨時爆漿而出。

（附帶一提，這部電影當年票房大好，甚至在料理市場還真的跟上電影潮流推出了「黯然銷魂飯」與「爆漿撒尿牛丸」，深受歡迎！直到現在還是香港的人氣美食。）

料理絕配：料理是生活的藝術

這是一部算計得很精準的好萊塢愛情＋美食電影，
愛情的起承轉合應有盡有，
美食的穿插與露出也不吝嗇，
除了松露，就算是披薩、提拉米蘇、青檸檬葉都有戲。
而且男主角也太完美了，
不只又高又帥，廚藝精湛，個性細心溫暖，還熱愛音樂藝術，
真是一部拿鐵咖啡加馬卡龍的下午茶電影呀！

談美食、談料裡的電影或文學作品，總是不外乎讚嘆美食的極致是藝術，料理的核心是一種生活價值，因此真正的好廚師，應該有藝術家的品味與堅持，同時也

要保有對生活、土地的觸感，對食材的敏感度，以及對人的溫度。這幾點掌握到了，一個懂料理的主廚形象大抵成形，反過來說，再厲害的廚師只要失掉了其中一項特質，他的料理也終究會走味。

《料理絕配》（No Reservations）改編自德國暢銷電影《美味愛情甜蜜蜜》（Mostly Martha），在美國拍攝時，由凱薩琳．麗塔瓊斯與亞倫．艾克哈特主演，也是一部標準版的好萊塢電影。若對應到我在序文中所做的電影觀眾點餐分類，應該就是拿鐵咖啡加馬卡龍的組合。電影看來輕鬆沒壓力，結局不會出乎意料，過程甜甜蜜蜜，都在經驗值的期待之中，就算男女主角間有了摩擦，你也不會太為他們擔心，因為經歷了誤會，才會讓他們知道彼此是最愛的那一個人，重點是最後結局他們一定會在一起的，外加深情一吻。

這大概就是浪漫愛情電影的基礎型態了。

在《料理絕配》中，這愛情故事搬進了高級法國餐廳的大廚房，女主角凱特是表面上凡事追求完美、一絲不苟的美麗女主廚。電影一開始，就在心理醫師的診療室展開（國外昂貴的心理醫師診療室，可不是台灣醫院的三平方米白色診間），只聽到凱特在寬敞舒適景觀好的大房間裡，滔滔不絕對著醫師說出她得意的料理手法，例如牛肉要怎麼烤……鵪鶉要怎麼處理……，還強調正統法國料理裡絕對不能少的「松露」！

心理醫師聽到都分心了，忍不住打斷凱特問到，妳為何每週都要來這裡，不談自己，只是不斷地對我說著各式料理？

「是我老闆要我來的，不然她會開除我。」凱特說得無奈，心理醫師也聽得無奈。

「為何妳老闆覺得妳來這裡對妳有用？」

「我不知道！」凱特把自己武裝的像個冰山美人，抗拒坦露自己的故事，反倒不斷訴說著她的各種人生原則。

就算心理醫師提醒她，「妳有太多規則了！」

凱特還是要反駁，「有規則有什麼不好，我只是想把每一件事都做好，你知道同時出四十道菜有多難嗎？」

是的。她要求廚房不能出錯，她也相信自己不會出錯。

曾有客人說她鵝肝烤得不好，但她覺得完美無缺，客人說頂尖廚師也難免出錯，她仍堅持自己料理的鵝肝很完美，「烤箱華氏一百四十度，水溫八十度，烤二十五分鐘，不多不少，色澤呈現完美的粉紅色。」凱特絲毫不退讓，讓老闆在現場不斷跟客人道歉，最後客人爆怒離開。而凱特還生氣的推薦他們去轉角的熱夠攤，那才適合他們！

凱特完全展現出法國料理驕傲一面，但這太犯規，真正懂料理的廚師不應該是這樣的態度。換個輕鬆的說法，這部電影彷彿也是另外一種類型的馴悍記，要把這位童年受過創傷、封閉情感、武裝自己的美麗女主廚心門打開，讓她重新找回料理的真價值。整部電影故事就是在這種氛圍下，不斷拋出挑戰給凱特。

第一道挑戰：柔伊的到來

凱特的大姊車禍去世，留下了小女兒柔伊，因為大姊是單親媽媽，她曾跟妹妹凱特說過，如果她有任何狀況，柔伊就要拜託凱特照顧了。因此失去母親的柔伊就搬來跟阿姨同住，這對害怕付出感情的凱特來說，小孩真是太難駕馭了。

首先，柔伊不肯吃凱特為她準備的精緻料理，因為她母親不會做菜，總是給她吃微波食物，直到心理醫師提醒，她才試著去站在孩子的心情上，去理解她的需求；再來柔伊害怕自己一個人在家，但凱特又必須到餐廳工作，最後沒辦法只好把柔伊帶到餐廳廚房一起工作。

小女孩柔伊的出現，柔軟了凱特的防護外牆，也讓她必須去面對自己的成長陰影，最後她終於對心理醫師說出了自己的家庭背景，母親非常擅長烹飪，但卻早逝，而父親總是鮮少在晚餐時出現……。

第二道挑戰：打破規則的尼可

餐廳老闆特別去找來義大利餐廳的帥哥廚師尼可，暗地裡希望未來能取代凱特的位置（因為凱特太有個性，不好相處，受歡迎但也容易得罪客人）。尼可出現在凱特被柔伊搞得心力交瘁之時，她一進廚房就聽到了音響大聲播放著帕華洛帝演唱歌劇奧蘭朵公主中的「公主徹夜未眠」，沒法忍受廚房有脫序狀況的凱特，面對熱情、瀟灑又愛唱歌劇的尼可竟然在大廚房裡放音樂，完全無法接受。愛情電影中，兩人相遇不打不相識應該也是很常見的類型了。

雖然尼可稱讚凱特：「這世界如果沒有你的烤鵪鶉配松露醬，那將會是個黑暗地帶！」但顯然凱特還是不能接受這個不斷打破她規則的男人，尤其充滿活力又浪漫的尼可，不只受到餐廳員工歡迎，老闆也賞識他，這都讓凱特吃味。直到尼可用一盤羅勒番茄義大利麵打開柔伊的心防後，才讓凱特真正感受到了尼可的溫暖。

尼可與凱特理所當然發展出了戀情，冰山美女主廚遇上溫暖的帥哥副廚，這部電影的設定，兩位主角除了男帥女美外，在個性上幾乎都是對立互補式的設定，看似複雜其實邏輯很簡單。在他們的戀情裡，值得特別一提的不是食物反而是音樂，這電影在男女主角情感進展的關鍵時刻裡，總是用歌劇來當配樂，不只有「公主徹夜未眠」，還有茶花女裡的「飲酒歌」……這設計比在片中不斷強調松露的法國料理有趣多了。

第三道挑戰：工作、愛情、親情的抉擇

凱特把廚師工作視為人生的第一位置，她曾經以為高級餐廳的大廚房就是她的天、她的地，但當她知道尼可是來取代她工作的人後，她完全崩潰，毫不猶豫地選擇了捍衛她的工作，放棄愛情。餐廳裡的冷藏室，很有趣的成了凱特真實情感流露的空間，她需要靜一靜時就會躲到冷藏室去，這一次她與尼可的攤牌也發生在冷藏室裡。這空間也似乎暗喻著她的內心世界，冰冷封閉。

再一句人生常談編劇老話，失去了才知道愛過，失去愛情的凱特，人生又沒了熱情，而好不容易接納了尼可的柔伊，也因為再次面臨失去熟悉信任的人，突然也鬧失蹤了，這都讓凱特重新去思考人生到底是在追求什麼？

「我真希望也有一本人生食譜可以參考，告訴我們該怎麼生活。我知道你會說：『妳要學會生活』……」凱特無助的向心理醫師求援。

心理醫師搖搖頭，「其實我不會這麼說。我想說的是，妳自己最清楚，只有妳自己寫的人生食譜才是最適合妳的。」

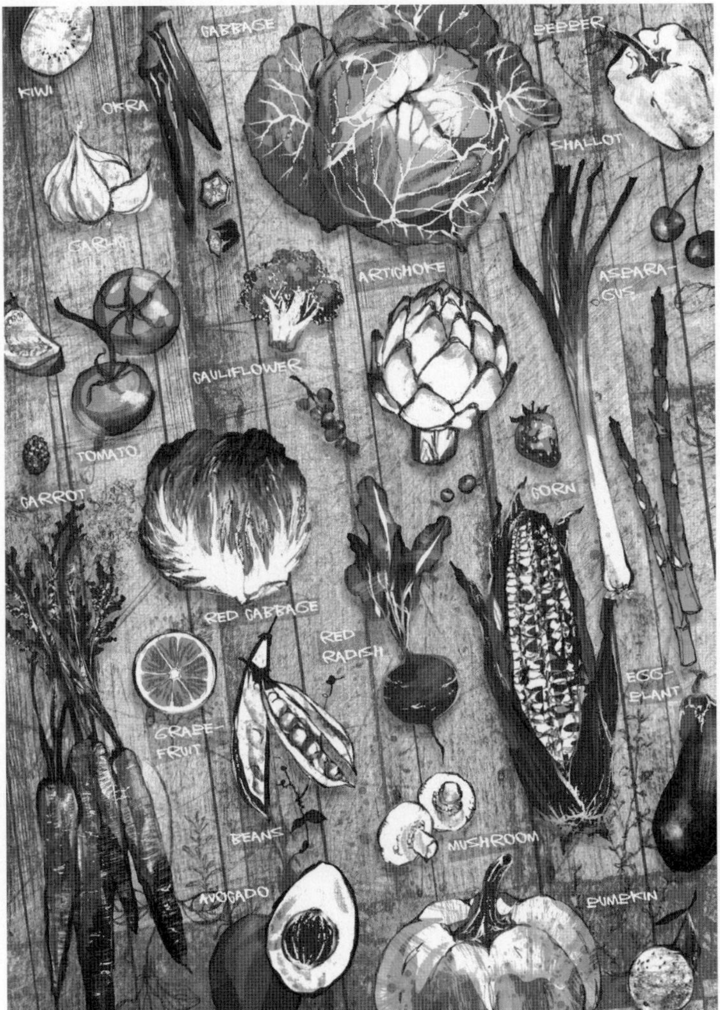
KIWI
OKRA
CABBAGE
PEPPER
SHALLOT
GARLIC
ARTICHOKE
ASPARA-
GUS
CAULIFLOWER
TOMATO
CARROT
CORN
RED CABBAGE
RED
RADISH
EGG-
PLANT
GRAPE-
FRUIT
BEANS
MUSHROOM
AVOCADO
PUMPKIN

經過這三道工序的鍛打，驕傲的凱特總算是回歸完美女人與完美廚師的角色了。

《料理絕配》是一部算計得很精準的好萊塢愛情＋美食電影，愛情的起承轉合應有盡有，美食的穿插與露出也不吝嗇，就算是披薩、提拉米蘇、青檸檬葉都有戲。而且不花大腦的想，男主角也實在太完美了，不只又高又帥，廚藝精湛，人細心溫暖，還熱愛音樂藝術，除了想盡辦法軟化凱特之外，還可以全然地照顧柔伊……這樣的電影故事，應該是非常討好女性觀眾才是。

所以我說這是拿鐵咖啡加馬卡龍的下午茶，對吧！

五星主廚快餐車：古巴三明治的真滋味

要讓客人滿意很簡單，
菜單內放幾道大家喜歡的菜，他們就會滿意，
把金槍魚放進菜單就會賣光！
但我放進比較高檔的牛頰肉，就沒有人想試……
我到底想做菜給誰吃？
為什麼不能兩種（顧客與創新料理／票房與藝術創作）都要！
「我不能被綁住，我喜歡做料理。」他篤定的說。

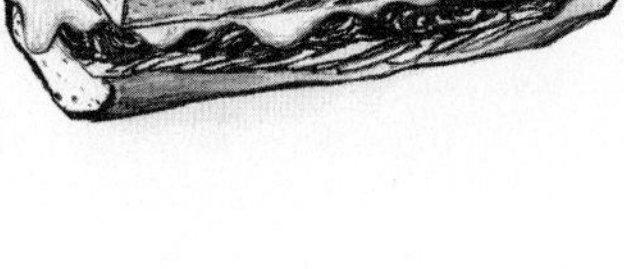

在西方的料理主題電影中，如果廚師是當然主角，那肯定常會出現的壓力配角就是美食評論家，至於好妥協、沒風骨又市儈的角色當然就是餐廳老闆，這樣的三

角組合，觀眾應該會很熟悉，在《五星主廚快餐車》（Chef）中，這也是故事開場的基本架構。

有趣的是，若把美食電影中常掛嘴上的「廚師也是藝術家」反向置入，廚師換成電影創作者，美食評論家換成影評，那唯利是圖又不懂美食的餐廳老闆當然就是電影製片公司了，這樣似乎也能說得通。會這麼比較是因為《五星主廚快餐車》這部電影的製作背景與作者太特別，身兼編劇、導演與主要演員的強．法夫洛，他拍過好幾部好萊塢大製作的電影，包括《鋼鐵人》一、二集後，突然投入這部獨立製片電影的製作，並曾對外表示，拍攝有關料理與廚師的電影故事，是他心裡的一個夢想，他希望藉此暫時離開那些大製片大製作，透過這部小品電影來找回拍電影的初衷。於是他用了不到三個星期就完成劇本，其中主角賈斯伯的背景甚至是融入了導演自己的部分人生故事，除了以料理譬喻電影外，他也因為工作把家庭婚姻都搞砸了……。

《五星主廚快餐車》電影主角賈斯伯是洛杉磯的一名主廚，他曾在十年前被美食評論家稱讚過是位充滿創意的料理新秀，十年後這位美食評論又要到他任職的餐廳來品嚐他的料理。賈斯伯自是滿心期待，但怎麼都沒想到，當他正準備大展身手之時，餐廳老闆（達斯汀・霍夫曼飾演）竟然要求他按照既有的菜單做就好，不准做新料理，因為賈斯伯之前曾經推出強調料理藝術的餐點，但顧客卻不買單，所以老闆不想再冒險，只准他做顧客愛點的菜單（這簡直就是直接暗喻電影圈的現實）。這決定不只讓賈斯伯洩氣，也讓美食評論家給了他極為嚴苛的負面評價，這對賈斯伯來說是非常大的雙重打擊。

〈美食評論〉：

十年前，我很幸運到賈斯伯位在邁阿密的馬洛小館用餐，料理界這位大膽創新的新人，讓我想到我為何選擇擔任美食評論家，這一行壓力之大，我對賈斯伯主廚只有滿滿的尊敬與佩服，他也給了我諸多啟發。

今天我到剛翻修好的餐廳用餐，……時代真的變了，這十年卡爾・賈斯伯似乎從邁阿密最新銳的主廚，變成很盧的大嬸，每次碰面就給你五塊錢，來博取別人的歡心。結果卻適得其反，讓人想躲得遠遠的，怕被他下垂又流汗的胸部給悶死。

開胃菜想打動吃早午餐的上流，是魚子醬蛋，烤蛋上面放些魚子醬，只是讓主廚有藉口海削顧客，他既沒安全感又缺乏想像力。想知道賈斯伯到底退步到什麼程度，只要吃一口同樣奇蹟似走鐘的巧克力爆漿蛋糕，賈斯伯根本沒有膽量把蛋糕做成半生熟，爆漿效果根本沒出來……他體重直線上升的唯一解釋是，他一定自己吃光了那些被退貨回廚房的料理。

我只能給兩顆星（滿分五顆星）。

更糟的是，不熟悉網路世界的他，為了想瞭解負評消息傳得如何，還要他的孩子教他上推特，結果因操作觀念不清楚，導致他自以為寫給評論家的回罵只是私訊，沒想到卻是公開內容，反倒引起更大的一場衝突。

「就算把美食塞到你臉上，你也不懂什麼叫做美食。」賈斯伯在推特上回訊給美食評論家。

對方毫不客氣的回擊，「我寧可在熱天快走後，讓你坐在我臉上，也不要再忍受他媽的爆漿蛋糕了。」

最後他邀請美食評論家再度光臨，希望自己能有扭轉乾坤的機會，可惜同樣的又是栽在老闆手下，老闆對他的新料理沒信心，再一次要求他做菜單料理就好，不然就離開廚房，不服氣的他最後被逼退，換成二廚來掌廚，結果當然是被再一次狠狠的給羞辱了。

大多數料理主題的電影情節，真的都好討厭美食評論家與餐廳老闆，還有不懂美食的奧客，這點在這部電影中再次得到確認。

「要讓客人滿意很簡單，菜單內放幾道大家喜歡的菜，他們就會滿意，把金槍魚放進菜單就會賣光！但我放進比較高檔的牛頰肉，就沒有人想試……」

賈斯伯自問：到底想做菜給誰吃？為什麼不能兩種（顧客與創新料理／票房與藝術創作）都要！

「我不能被綁住，我喜歡做料理。」他篤定的說。

鬱鬱不得志的賈斯伯，後來靠著前妻、兒子與好朋友的幫忙，決定從快餐車重啟他的料理之路。擺脫掉高級餐廳的食客、刻薄的美食評論家、勢利卻不懂美食的老闆，他自己來當料理台的主人，回歸食物最簡單的料理方式，他心目中的古巴三明治。

這段劇情轉折，很難不讓人聯想，是否也象徵著導演從好萊塢大製作電影，轉身投入獨立製片的心情呢？

帶兒子開著一輛二手快餐車四處走，看似落魄，但賈斯伯他們卻以旅行的心情，做著自己最喜歡的工作，他四處尋找食材，相信好的食材會帶給廚師最好的料理靈感，另一方面，這趟旅程也修復了過去因為忙於工作而與兒子疏離的情感。而小兒子則是開心地跟著父親學習烹飪，並且用他擅長的網路傳播模式，將快餐車的動線、下一個目的地，以及路上發生的趣事都上傳網路平台。父子合作，再加上好友相助，讓賈斯伯的快餐車生意蒸蒸日上，甚至走到哪都有排隊人潮。他們也享受著在快餐車上現做食物直接交給客人的接觸與互動。

古巴三明治！炸樹薯，炸大蕉片……看著客人滿足、大快朵頤的神情，這也讓賈斯伯重新找回自己的料理熱情。

古巴三明治、炸樹薯、炸大蕉片、紐奧良漢堡、法式甜甜圈等，這些餐點算得上餐桌上的美味佳餚嗎？若和五星級高級餐廳的菜單相比，這些食物恐怕都會被打入藍領階級底層食物吧。

但導演以此對比，恐怕是象徵喻意大過實質意義。因為最終他還是重新得到肯定，再回去開餐廳了。而這個肯定他的人，與願意支持他開餐廳的人，竟然也是電影情節中，曾經賞識過他，也曾經對他要求最為嚴苛的美食評論家。劇情峰迴路轉，最後皆大歡喜，還是回到了電影兼顧好看與滿足觀眾的目的。

這結局是不是滿足了賈斯伯／導演曾經吶喊的「為什麼不能兩者都要！」的最好結局？

你說呢……

總舖師：人鬼神的美食競賽

料理人的追求與對食物的記憶，都回到了「心」與「愛」，
說穿了是老生常談，但人生至理不就這麼一回事，
讓評審們幾度瘋狂的料理，
也都是藉由食物讓我們的心回到了最單純、最真心的那個片刻，
大多是童年回憶！
是兒時記憶特別難忘？
是母親的料理特別美味？
還是我們都懷念著那個不再復返的曾經美好與純粹，
而食物只是收藏著這段情感的記憶鑰匙？

電影《總舖師》是寫了那麼多料理主題電影後，最有在地文化感觸的一部，不同於李安的《飲食男女》，從滿漢盛宴中一刀切入，往家庭、人性的骨子裡鑽，陳玉勳導演比較是帶領著觀眾走進華麗的辦桌遊樂園，藉著遊園列車的驚奇路線，一窺台灣辦桌文化的歷史與精髓，那也是我們童年生活中難忘的記憶。

辦桌，從台灣農業社會的農村背景而起，早期有人家需要辦桌宴請賓客，便會請總舖師來家裡打點菜餚，主人負責準備食材、桌椅碗盤、棚架，總舖師則是瀟灑地帶著他烹飪用的料理刀具前往工作，最多再帶著一個徒弟。煮得好，主人就會送些雞鴨、豬肉給總舖師帶走。後來農村經濟狀況改善，辦桌的內容也越來越澎湃，總舖師開始提供全套服務，再加上黑松汽水也會為了促銷與生意，免費提供印上大logo的帆布供大家遮陽，因此小時候大家戲稱的「黑松飯店」，成了在台灣南部路邊辦桌的別號了。

《總舖師》電影曾經在台灣創下三億多的票房，後來年節假期在有線電視上播出，也開出很高的收視率，除了陳玉勳導演特有的喜劇風格帶觀眾進入瘋狂嬉戲的觀影過程外，熟悉又令人懷念的辦桌主題，應該也是很重要的電影賣點。

小時候很喜歡跟著爸媽去吃辦桌菜，不同於餐廳飯店的拘謹，辦桌現場更有鄰里同樂會的氣氛，上桌的菜色更是直接明瞭又大方，第一道拼盤裡總有烏魚子、海蜇皮，高檔的則有龍蝦……，媽媽總會跟我說，那個烏魚子很貴多吃一點，但當時年紀小沒有物質階級概念，只覺得那麼鹹又乾乾的哪裡好吃呀？小朋友反而最喜歡吃海鮮羹湯或魚翅羹，鄉下的魚翅當然都是假魚翅，豬皮打薄炸一炸也常常打混過去，然後就是大蹄膀、全魚料理、全雞湯、紅蟳米糕飯、佛跳牆……菜上到一半，大家幾乎都吃飽了，婆婆媽媽們就開始發塑膠袋，隨時相準了哪一道菜，就等著要打包帶回家，此時小朋友們早已離開座位在宴席間追逐玩得不亦樂乎，直到炸丸子、甜點、還有小美冰淇淋上桌才會歸位。

接著，我們回家後大概就會延續宴席……再吃上兩天的菜尾，菜尾不像宴席桌上的完整與精緻了，媽媽們經常是把這些菜尾菜，混在一起加熱再烹調，說也奇怪雖是不同口味的大雜燴，但印象中還蠻好吃的！

這應該是台灣四、五、六年級生在鄉下生活過的集體經驗。

電影《總舖師》故事中介紹了三位傳奇總舖師，分別是北部的憨人師（吳念真飾）、中部的鬼頭師（喜翔飾）、南部的蒼蠅師（柯一正飾）。

北部的憨人師放棄名廚路線，隱身在社會底層，孤獨且歡喜的為許多辛苦人做料理，傳說吃了憨人師做的菜，就會感受到「做人的感覺」。

中部的鬼頭師性格暴烈，因為一次宴席的衝突殺了人，被判刑三十年，消失於料理界。他的刀工非常了得，最傳奇的是能將動物肉身挾帶的枉死怨氣斬斷。

南部的蒼蠅（好神）師，則是神級人物，在南部辦桌料理界無人能敵，尤其是他的鱔魚料理與「雞仔豬肚鱉」更是一絕。他也是片中女主角詹小婉的父親，故事一開始就已過世。

長相俏麗的小婉不想繼承父親的辦桌事業，獨自在北部闖蕩，她希望朝演藝圈發展，無奈卻始終是個不起眼的小咖，後來為了躲債逃回南部，與繼母膨風嫂相依為命，沒想到卻為了還債而捲進一段荒謬又勵志的全國廚藝競賽。

這段競賽旅程中，有著憨膽又搞不清楚狀況的母女二人，卻是一路貴人連連，誇張的召喚獸三人組、北方十六把刀葉如海、隔壁店家的老王、甚至連討債二人組、重機車隊……都是見證小人物力量大，一路相挺的螞蟻雄兵，這些配角也為這部電影開出了一朵朵奇花異草的特殊風景。但就像片中小婉的真感情總是要把頭躲在紙箱中才會真情流露，第一次看完這部電影時，我竟忍不住想，這些誇張的裝飾／表演風格，是不是導演的紙箱呢？明明這電影的主題是很深情又簡單的，卻選擇沾上那麼多香料、麵包粉來回炸煮，就像撥開炸蝦天婦羅後，看著那隻明蝦，其實很單純的。

這份在料理上的單純：

是蒼蠅師爸爸想將廚藝傳承給女兒的期待；

是一對老愛人相戀五十年後想結婚時，想追憶的初戀滋味；

是憨人師堅持的古早心古早味，珍惜每一位來吃料理的人，無階級無分別；

是喪失味覺後的鬼頭師，想要一圓無怨無悔的料理夢；

是料理醫師葉如海難忘母親離開他時所做的最後一道番茄炒蛋；

是月霞為愛人做的炒米粉……

料理人的追求與對食物的記憶，都回到了「心」與「愛」，說穿了是老生常談，但人生至理不就這麼一回事，就算是中華一番的小當家，最難忘的也是母親的料理，在電影《總舖師》中，讓評審們幾度瘋狂的料理，也都是藉由食物讓我們的心回到了最單純、最真心的那個片刻，而且大多是童年回憶！是兒時記憶特別難忘？是母親的料理特別美味？還是我們都懷念著那個不再復返的曾經美好與純粹，而食物只是收藏著這段情感的記憶鑰匙？

電影故事透過食物與料理競技大賽，夾議夾敘的是我們已逝去的美好年代，那種人與人之間充滿信任與互助的年代，這點尤其在吳念真飾演的憨人師一角上展露無遺，他做菜給底層的辛苦人吃，來吃飯的人也帶著他們僅有的食材來送給憨人師，可以是一把蔥、半瓶醬油……憨人師的台詞幾乎點出了全片的料理精神與觀點：真正好的總舖師料理，是能讓吃的人感受到被尊重；真正的總舖師賺到的是人情、是自己的歡喜。

遺憾的是這一切在功利的現代社會裡早已不見了，就像背叛師門的阿財師，他為了賺錢早就忘了料理的初心，因此他開始做冷凍食物，湯都不熬直接用粉用調理包，冰雕也是直接灌模，甚至還有薯條上桌……

過去的美好，似乎只殘存於憨人師隱身的火車隧道內，那是個荒廢又遺世獨立的角落，那角落充滿著強烈的魔幻寫實風格，是夢是真已不重要，而是導演躲進他的電影紙箱後，想與我們分享的真情，也是一則帶著傷感又孤獨的悼世文。就像有一場戲小婉與憨人師各自套著紙箱展開一場對話，他們彼此聊著心事，小婉在美麗的沙灘上，而憨人師卻坐在孤獨荒涼的月球上……導演的意圖再明顯不過，但唯一可惜的是憨人師怎麼說話都讓我切回現實的吳念真，而沒辦法更入戲。

《總舖師》藉由人、鬼、神三種總舖師精神所架構起的故事線，除了憨人師的人界，與蒼蠅師的親情路線外，我對鬼頭師其中一段描述是特別有興趣的，就是鬼頭師教徒弟葉如海如何剁肉，師徒兩人同時剁魚肉，再做成魚丸下鍋煮，明明是同樣的過程，鬼頭師做的就是比較好吃，他解釋是因為徒弟的肉裡還有怨氣，那些動物被殺時一定都會不甘心或恐懼，若帶著這樣的怨念，牠們的肉怎會甘美？鬼頭刀的刀法竟然可以打破／超渡這些怨氣，而讓怨氣消失……

看到這情節時，讓我一度很驚喜也期待將會延伸出什麼樣的料理概念，但最後鬼頭師終究只是配角，留下的還是只有淡淡地哀傷。

這是部很熱鬧又充滿笑點的電影，導演想要談的內容很多，但又像貪玩、害羞、容易受傷的孩子，披上魔幻寫實又帶有黑色童話故事的荒謬與華麗外衣，既是特色也是包袱，何嘗不是一種電影故事的料理挑戰。

國家圖書館出版品預行編目資料

餐桌上的電影物語：美食、人性與慾望的浮世對話／蕭菊貞著. -- 初版. -- 臺北市：大塊文化，2018.12
面；　公分. --（mark ; 144）

ISBN　978-986-213-938-7（平裝）

1. 飲食　2. 文化　3. 電影

538.78　　107019104

LOCUS

LOCUS